2019 上半年

中国国际收支报告

China's Balance of Payments Report

国家外汇管理局国际收支分析小组
BOP Analysis Group
State Administration of Foreign Exchange

中国金融出版社
China Financial Publishing House

责任编辑：张翠华
责任校对：孙　蕊
责任印制：程　颖

图书在版编目（CIP）数据

2019上半年中国国际收支报告 / 国家外汇管理局国际收支分析小组编．—北京：中国金融出版社，2020.3
ISBN 978-7-5220-0523-2

Ⅰ．①2… Ⅱ．①国… Ⅲ．①国际收支—研究报告—中国—2019 Ⅳ．①F812.4

中国版本图书馆CIP数据核字（2020）第033432号

2019上半年中国国际收支报告
2019 Shangbannian Zhongguo Guoji Shouzhi Baogao
出版
发行 中国金融出版社
社址 北京市丰台区益泽路2号
市场开发部 （010）66024766，63805472，63439533（传真）
网上书店 http://www.chinafph.com （010）66024766，63372837（传真）
读者服务部 （010）66070833，62568380
邮编 100071
经销 新华书店
印刷 天津银博印刷集团有限公司
尺寸 210毫米×285毫米
印张 12.5
字数 190千
版次 2020年4月第1版
印次 2020年4月第1次印刷
印数 1–2000
定价 80.00元
ISBN 978-7-5220-0523-2

国家外汇管理局
国际收支分析小组人员名单

组　　长：潘功胜
副 组 长：郑　薇　宣昌能　张　新　陆　磊
审　　稿：孙天琦　刘　斌　叶海生　徐卫刚　汪增群
统　　稿：王春英　贾　宁　赵玉超　韩　健　胡　红　乔林智
执　　笔：
第一部分：于　雪　陈　丰
第二部分：邬　烨　韩　健　胡　红　贺　萌　李玲青
第三部分：杨　灿
第四部分：齐天娇　张洪诚
第五部分：邬　烨
专　　栏：张青青　李玲青　林　萌　张国斌　杨　灿

附录整理：肖艳霞

英文翻译：胡　红　王　亮　高　铮　杨　灿　贺　萌
英文审校：Nancy Hearst（美国哈佛大学费正清东亚研究中心）

Contributors to this Report

Head
Pan Gongsheng

Deputy Head
Zheng Wei   Xuan Changneng   Zhang Xin   Lu Lei

Readers
Sun Tianqi   Liu Bin   Ye Haisheng   Xu Weigang   Wang Zengqun

Editors
Wang Chunying   Jia Ning   Zhao Yuchao   Han Jian   Hu Hong   Qiao Linzhi

Authors
Part One: Yu Xue   Chen Feng
Part Two: Wu Ye   Han Jian   Hu Hong   He Meng   Li Lingqing
Part Three: Yang Can
Part Four: Qi Tianjiao   Zhang Hongcheng
Part Five: Wu Ye
Boxes: Zhang Qingqing   Li Lingqing   Lin Meng   Zhang Guobin   Yang Can

Appendix: Xiao Yanxia

Translators: Hu Hong   Wang Liang   Gao Zheng   Yang Can   He Meng

Proofreader: Nancy Hearst (Fairbank Center for East Asian Research, Harvard University)

内容摘要

2019年上半年，全球经济增长动能减弱、下行风险增加，贸易保护主义升级，国际金融市场波动加大；我国经济运行总体平稳、稳中有进，主要宏观经济指标保持在合理区间，人民币对美元汇率双向波动增强。

2019年上半年，我国国际收支保持基本平衡。经常账户差额继续处于合理区间，上半年顺差882亿美元，与GDP之比为1.3%。其中，货物贸易顺差同比增加，服务贸易逆差收窄，投资收益由逆差转为小幅顺差。跨境资本流动总体稳定，呈现净流入态势。上半年，境内主体对外直接投资、对外证券投资平稳有序；境外投资者投资境内市场意愿保持稳定，投资结构优化，非储备性质的金融账户顺差454亿美元。其中，直接投资顺差保持平稳，仍是重要的顺差来源；证券投资延续顺差，反映了证券市场开放效果以及人民币资产的国际吸引力；其他投资逆差减少。上半年，我国交易形成的储备资产小幅增加、保持稳定，体现了国际收支基本平衡的结果。2019年6月末，我国对外金融资产和负债较2018年末分别增长1.6%和4.3%，对外净资产2.03万亿美元。

2019年下半年，虽然外部环境复杂多变，但我国经济内部基础稳固，国际收支自主调节能力增强，有条件继续保持基本平衡。预计全年经常账户差额仍将处于合理区间，境外资本投资我国的意愿较强，跨境资本流动平稳运行具备市场基础。下一步，外汇管理部门将继续保持政策的连续性、稳定性，大力提升跨境贸易投资自由化和便利化水平，进一步推动外汇重点领域改革开放，服务国家全面开放新格局；完善与更高开放水平相适应的跨境资本流动管理框架，防范跨境资本流动风险，维护国家经济金融安全。

Abstract

The first half of 2019 witnessed weakened growth momentum and increased downside risks in the global economy, enhanced trade protectionism, and more volatility in international financial markets. China's economic operations were generally stable, steady, and progressive. The main macroeconomic indicators remained within a reasonable range, and the two-way fluctuation of the RMB to the USD exchange rate increased.

China's balance of payments maintained a basic equilibrium during the first half of 2019. The current account balance remained within a reasonable range, with a surplus of USD 88.2 billion, accounting for 1.3 percent of GDP. The surplus of trading goods increased year on year; the deficit of trade in services narrowed; and investment income changed from a deficit to a small surplus. Cross-border capital flows were generally stable, with net-inflow trend. During the first half of 2019, outward foreign direct investment and outward portfolio investment from domestic investors remained stable and orderly, the willingness of overseas investors to invest in the domestic market continued to be stable, the investment structure was improved, and the surplus in non-reserve financial accounts totaled USD 45.4 billion. The direct-investment surplus remained stable, and it was still an important source of the surplus; portfolio investments continued to be in surplus, reflecting the positive effect of the opening-up of the securities market as well as the attraction of RMB assets to international investors; other investment deficits decreased. During the first half of 2019, China's reserve assets from transactions increased slightly and remained stable, reflecting the result of the balance–of–payments equilibrium. By the end of June 2019, China's external financial assets and liabilities had increased by 1.6 percent and 4.3 percent, respectively, from the end of 2018, with net external assets at USD 2.03 trillion.

In the second half of 2019, although the external environment will still be complex and fluctuating, the internal foundation of the Chinese economy will be stable, the ability to independently adjust the balance of payments will be enhanced, and it is possible that the basic equilibrium will be maintained. In 2019, it is expected that the current account balance will still be within a reasonable range, the willingness for overseas capital investments in China will be strong, and the smooth operation of cross–border capital flows will be based on the market. Next, the foreign–exchange management department will continue to maintain the continuity and stability of its policies, will make great efforts to improve the level of cross–border trade and investment liberalization and facilitation, will further promote the reform and opening–up of key foreign–exchange fields, and will serve the country to create a new pattern of comprehensively opening up. We will improve the cross–border capital flow management framework, making it suitable for a higher level of opening–up. Meanwhile, we will protect against risks associated with cross–border capital flows and ensure the security of the national economy and finance.

目 录

■ 附录　统计资料

■ 专栏

■ 图

■ 表

Contents

Appendix Statistics

Boxes

Charts

■ Tables

一

国际收支概况

（一）国际收支运行环境

2019 年上半年，全球经济增长动能偏弱，面临下行风险，主要发达经济体和部分新兴市场经济体货币政策宽松。面对错综复杂的国际环境，我国经济运行继续保持在合理区间，延续总体平稳、稳中有进的发展态势。

全球经济增长动能偏弱。上半年，全球经济增长有所放缓，贸易保护主义与政策不确定性成为显著风险，全球经济前景不容乐观，国际货币基金组织（IMF）7 月预计，2019 年全球经济将增长 3.2%，较 4 月预测下调 0.1 个百分点。美国经济相对稳健，但出现放缓迹象，第一季度经济增速反弹，第二季度略有下行，劳动力市场延续较好表现。欧元区经济表现有所改善，但下行风险犹存，第一季度经济增速较 2018 年第三、第四季度明显提升，第二季度环比增速放缓，消费者信心指数低迷，制造业采购经理人指数（PMI）连续 5 个月位于荣枯线以下。日本经济波动性有所增加，2018 年经济增长 0.8%，2019 年第一季度经济增速回升至 2.1%，第二季度又回落至 1.3%，居民消费价格指数自 2018 年以来持续在低位徘徊。英国仍受“脱欧”带来的不确定性拖累，经济持续低速增长，通胀水平保持温和。新兴市场经济体增长相对疲弱（见图 1–1），通胀总体处在较低位置，部分国家存在金融市场动荡、高失业率等问题。

图 1–1　全球主要经济体经济增长率

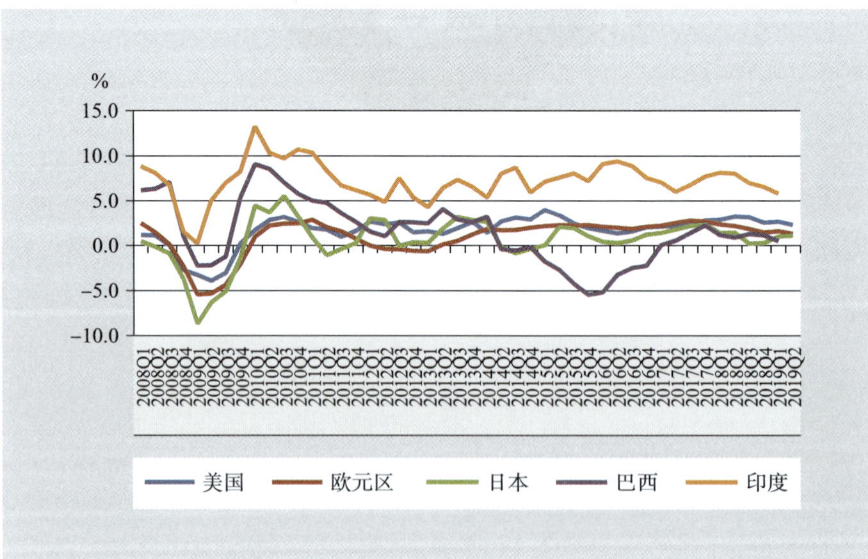

注：美国数据为季度环比折年率，其他经济体数据为季度同比。
数据来源：环亚经济数据库。

全球货币政策总体宽松。2019 年以来，主要发达经济体货币政策立场有所转向，部分发达经济体开始降息。美联储 7 月 31 日宣布将联邦基金利率目标区间下调 25 个基点至 2.0%~2.25%，为 2008 年 12 月以来首次降息，并于 8 月停止缩表，比之前预期提前两个月。9 月 19 日，美联储再次下调联邦基金利率目标区间 25 个基点至 1.75%~2%。9 月 12 日，欧央行宣布下调欧元区隔夜存款利率至 −0.5%，这是欧元区自 2016 年 3 月以来首次调降欧元区关键利率。日本银行决定继续实施宽松货币政策，并计划保持目前极低的利率水平至少至 2020 年春季左右。英格兰银行决定维持基准利率在 0.75%，并维持资产购买规模不变。部分新兴市场经济体为促进经济增长或实现通胀目标选择降息，印度、俄罗斯、韩国、南非和巴西等多国央行下调利率。

国际金融市场波动加大。上半年，国际金融市场预期一度改善，但随后波动有所加大，贸易保护主义加剧了全球范围金融市场的波动性。上半年，美元指数下跌 0.04%，欧元、英镑贬值，日元升值。国债收益率普遍下行，6 月末，美国 10 年期国债收益率收于 2.0%，较上年末下降 69 个基点，法国、德国、英国、日本 10 年期国债收益率较上年末分别下降 71 个、57 个、44 个和 16 个基点。受贸易保护主义升温和地缘政治冲突多点爆发影响，市场避险情绪升温，反映恐慌情绪的市场波动率（VIX）指数 5 月上涨 42.6%，单日最高上涨 28.1%（见图 1–2）。6 月末，黄金现货价格较上年末上涨 9.9%，石油价格自 4 月触及峰值后震荡下跌，布伦特原油现货价格在 5 月下跌 10.7%，石油价格下挫带动标准普尔 GSCI 商品价格指数在 5 月下跌 8.7%（见图 1–3）。

图 1–2　国际金融市场利率和货币波动率水平

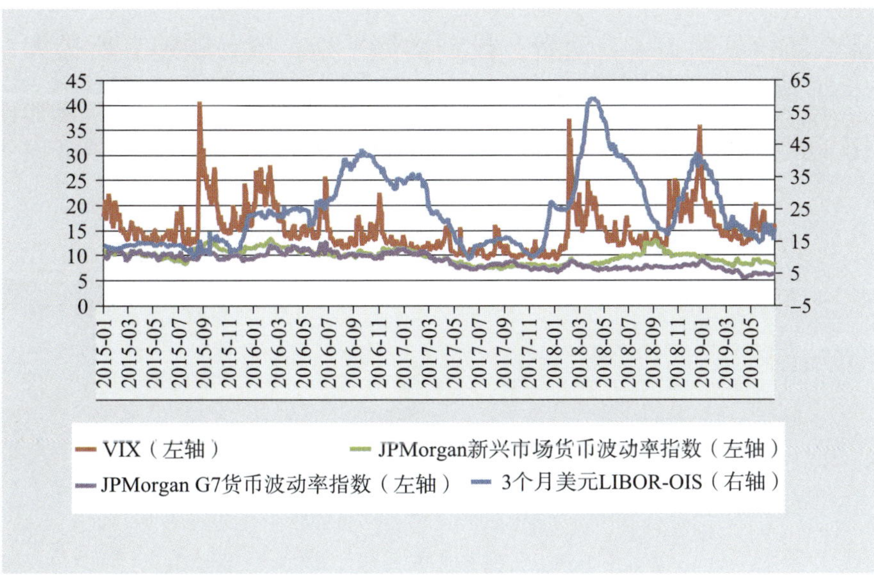

数据来源：彭博资讯。

图 1-3　全球股票、债券和商品市场价格

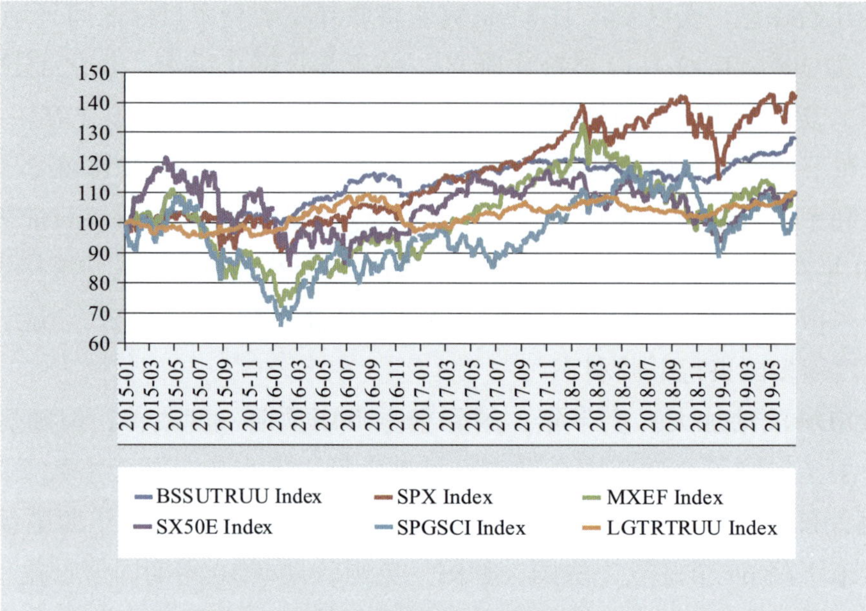

注：BSSUTRUU Index 和 LGTRTRUU Index 分别为彭博巴克莱新兴市场和发达国家主权债券指数，MXEF Index 为 MSCI 新兴市场股指，SPX Index 为美国标准普尔 500 股指，SX50E Index 为欧元区斯托克 50 股指，SPGSCI Index 为标准普尔 GSCI 商品价格指数，均以 2015 年初值为 100。
数据来源：彭博资讯。

国内经济运行平稳。上半年，我国经济运行延续了总体平稳、稳中有进的发展态势，主要宏观经济指标保持在合理区间，供给侧结构性改革持续推进。初步核算，上半年国内生产总值（GDP）为 45.1 万亿元，按可比价格计算，同比增长 6.3%；居民消费价格指数（CPI）同比上涨 2.2%（见图 1-4）。消费、投资增势平稳，贸易顺差有所扩大，工业生产基本平稳，第三产业增加值占 GDP 的比重为 54.9%，就业形势总体稳定。但是，经济运行仍存在一些深层次问题和突出矛盾，外部不稳定不确定因素有所增加，经济内生增长动力有待进一步增强。

图 1-4 我国季度 GDP 和月度 CPI 增长率

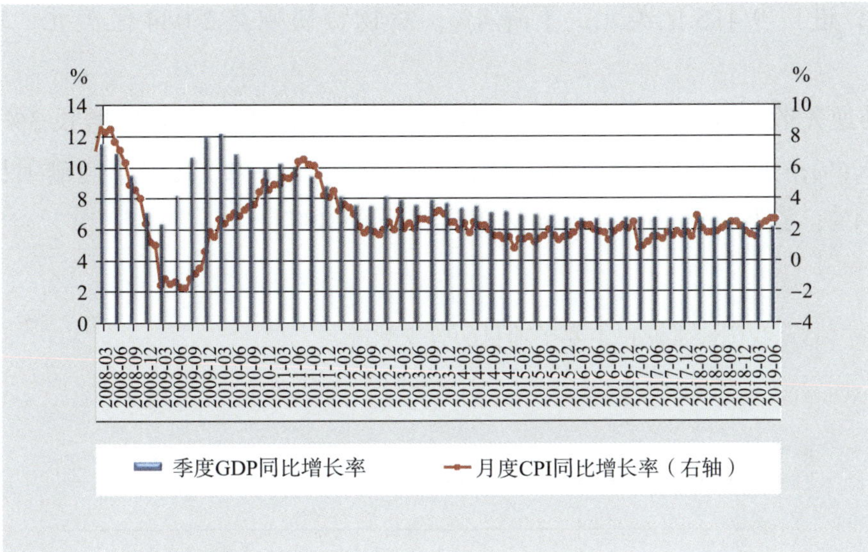

数据来源：国家统计局。

（二）国际收支主要状况

经常账户、非储备性质的金融账户均呈现小幅顺差。2019 年上半年，我国经常账户顺差 882 亿美元，非储备性质的金融账户顺差 454 亿美元（见表 1-1）。

表 1-1 我国国际收支差额主要构成

单位：亿美元

项　目	2013 年	2014 年	2015 年	2016 年	2017 年	2018 年	2019 年上半年
经常账户差额	1 482	2 360	3 042	2 022	1 951	491	882
与 GDP 之比	1.5%	2.3%	2.7%	1.8%	1.6%	0.4%	1.3%
非储备性质的金融账户差额	3 430	−514	−4 345	−4161	1 095	1 306	454
与 GDP 之比	3.6%	−0.5%	−3.9%	−3.7%	0.9%	1.0%	0.7%

数据来源：国家外汇管理局、国家统计局。

货物贸易顺差扩大。按国际收支统计口径①，上半年，我国货物贸易出口 11 500 亿美元，同比增长 1%，进口 9 416 亿美元，下降 4%；货物贸易顺差 2 084 亿美元，增长 34%（见图 1–5）。

服务贸易逆差收窄。上半年，服务贸易收入 1 186 亿美元，同比增长 3%；支出 2 479 亿美元，下降 6%；逆差 1 293 亿美元，下降 12%（见图 1–5）。其中，运输项目逆差 275 亿美元，下降 14%；旅行项目逆差 1 104 亿美元，下降 8%。

图 1–5　我国经常账户主要子项目的收支状况

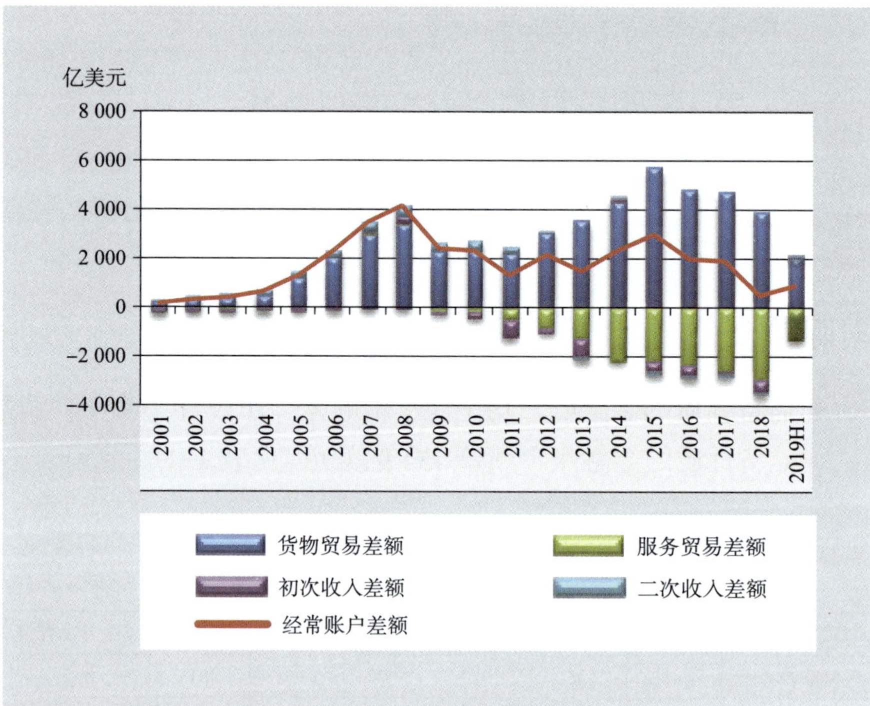

数据来源：国家外汇管理局。

① 国际收支统计口径的货物贸易与海关统计口径的主要差异在于：一是国际收支中的货物只记录所有权发生了转移的货物（如一般贸易、进料加工贸易等贸易方式的货物），所有权未发生转移的货物（如来料加工或出料加工贸易）不纳入货物统计，而纳入服务贸易统计；二是计价方面，国际收支统计要求进出口货值均按离岸价格记录，海关出口货值为离岸价格，但进口货值为到岸价格，因此国际收支统计从海关进口货值中调出国际运保费支出，并纳入服务贸易统计；三是补充部分进出口退运等数据；四是补充了海关未统计的转手买卖下的货物净出口数据。

专栏 1

从国际视角看我国服务贸易发展

近年来，我国服务贸易快速发展。截至2018年，服务贸易进出口额已连续5年保持全球第二位，排名仅次于美国，但自2009年以来持续逆差，近年来逆差规模趋稳。从国际视角看，我国在制度、文化、加工制造等方面潜力巨大，服务贸易国际竞争力仍有较大发展空间。我国应大力培育服务贸易竞争新优势，提高知识技术密集型服务贸易发展水平，促进服务贸易向均衡发展。

一、全球服务贸易发展情况

近年来，全球服务贸易发展迅速。2018年，全球跨境服务贸易进出口额达到11.4万亿美元，占全球贸易的比重从20世纪80年代初的七分之一上升到现在的五分之一。

全球服务贸易主要集中在少数发达国家。2018年，全球服务贸易进出口额排名前十的国家中，除中国外，绝大部分为发达国家（见表C1-1)。从占比情况看，美、德、英、法等国服务贸易进出口规模较大，占全球比重分别为10.2%、6.6%、4.2%、4.8%，中国占比为9.4%。从差额情况看，2018年美、英、法、荷等国分别为顺差2 596亿美元、1 430亿美元、279亿美元、102亿美元，中国为逆差2 922亿美元，是全球最大的服务贸易逆差国。此外，近年来随着全球化的迅速发展，部分发展中国家服务贸易表现出较强的发展势头。例如，印度服务贸易进出口额占全球比重从21世纪初的1%上升到目前的3%，且长期保持顺差，2008—2018年年均顺差增幅4.8%，2018年达到808亿美元。

表C1-1　2018年全球服务贸易规模排名前十国家情况

单位：亿美元

国家	服务贸易出口	服务贸易进口	服务贸易总额	服务贸易差额
美国	8 270	5 673	13 943	2 596
中国	2 336	5 258	7 594	−2 922
德国	3 428	3 657	7 085	−229
英国	3 779	2 350	6 129	1 430
法国	2 942	2 663	5 605	279
爱尔兰	2 122	2 186	4 308	−64
日本	1 937	2 009	3 946	−72
荷兰	1 965	1 863	3 828	102
新加坡	1 825	1 842	3 667	−16
印度	2 050	1 242	3 291	808
全球总量	**58 681**	**55 381**	**114 062**	**3 301**

注：按服务贸易进出口总额排序。因存在国别误差，导致全球服务贸易进出口差额总量不为零。

数据来源：世界银行。

从服务贸易发展情况看，美、日的发展具有参考借鉴意义。美、日作为全球第一、第三大经济体，目前其国际服务贸易体系结构较为成熟，人力资源密集型和知识技术密集型行业协调发展，对两国经济起到了重要的拉动作用。其中，美国在旅行、知识产权使用费、金融等知识技术密集产业优势较为集中，日本在知识产权使用费、其他商业服务、旅行和运输等领域具备较大优势（见图 C1-1）。以知识产权贸易为例，据世界银行统计，2018 年，全球知识产权使用费收入总规模为 3 774 亿美元。美国是最大出口国，出口额占全球的 34%，日本占 12%，我国仅占 1%。近几年，美、日知识产权使用费年均净收入分别约 700 亿美元和 200 亿美元，我国则是净支出 300 亿美元以上。

图 C1-1　2018 年美国和日本服务贸易出口行业分布

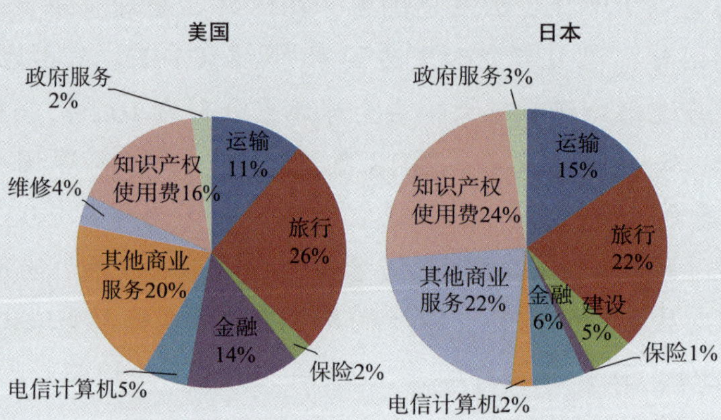

数据来源：国际货币基金组织（IMF）。

二、我国服务贸易具有较大发展空间

我国服务贸易出口仍有较大潜力。2018 年，我国服务贸易进出口总额为 7 594 亿美元，世界排名第二，但进出口逆差 2 922 亿美元，结构不平衡的问题比较突出。我国服务贸易进口占全球比重为 9.5%，排名第二，仅比美国低 0.7 个百分点，而出口占全球比重为 4.0%，较美国低 10.1 个百分点，表明我国服务贸易出口竞争力仍有很大提升空间。从目前情况看，我国服务贸易在人力资源密集型领域具有规模优势，成为改善服务贸易收支状况的重要驱动因素。自 2000 年开始，我国在人力资源密集型领域（建筑服务、外包服务、咨询服务等）出现顺差，此后呈加速发展趋势，2008—2018 年，上述领域年均顺差增幅 12.1%，2018 年为 306 亿美元。我国新型生产要素正加速积累，今后人力资源优势将逐步扩大至其他现代服务业领域，相关领域服务贸易逆差状况有望逐步得到改善。

我国服务贸易在进出口结构上仍有改善空间。一是制度、文化、加工制造等优势需要逐步转化为国际服务产业竞争优势。例如，我国入境游滞后于出境游。2018年旅行服务贸易逆差2 370亿美元，同比增长8.1%，为我国服务贸易第一大逆差项目。二是服务贸易对劳动力、资本、技术等生产要素的开发利用可进一步优化。美、日高水平制造业都有发达的国际化服务业支撑体系。我国在促进企业参与国际服务竞争合作中，可充分发挥货物贸易对服务贸易的带动作用。例如，2008—2018年，我国货物贸易年均顺差3 717亿美元，而同期与货物贸易相关的运输服务和保险服务贸易年均逆差562亿美元。三是知识技术密集型服务贸易发展前景广阔。我国技术贸易主要以技术引进为主，专利使用费和特许费总体处于较大逆差状态，未来随着我国自主、高端信息技术领域的进一步突破，国家“软实力”会进一步增强。

综上，我国服务贸易起步晚、发展快，需进一步深化改革扩大开放，结合“一带一路”倡议，积极推动金融服务企业“走出去”，打造“中国服务”品牌。同时，大力提高知识技术密集型行业发展水平，优化服务业结构，推动国际服务贸易转型升级，促进服务贸易收支更趋平衡。

初次收入①由逆差转为小幅顺差。上半年，初次收入项下收入1 289亿美元，同比增长12%；支出1 252亿美元，下降14%；顺差37亿美元，上年同期为逆差303亿美元（见图1-5）。其中，雇员报酬顺差16亿美元，投资收益顺差15亿美元。从投资收益看，上半年我国对外投资的收益为1 208亿美元，外国来华投资的利润利息、股息红利等合计1 193亿美元。

二次收入小幅顺差。上半年，二次收入项下收入129亿美元，同比下降10%；支出75亿美元，下降64%；顺差54亿美元，上年同期为逆差65亿美元（见图1-5）。

直接投资延续顺差。按国际收支统计口径②，上半年，直接投资顺差352亿美元（见图1-6）。其中，我国对外直接投资（资产净增加）467亿美元，境外对我国直接投资（负债净增加）819亿美元。

① 国际货币基金组织《国际收支和国际投资头寸手册》（第六版）将经常项下的“收益”名称改为“初次收入”，将“经常转移”名称改为“二次收入”。

② 国际收支统计口径的直接投资与商务部统计口径的主要差异在于，国际收支统计采用资产负债原则编制和列示，商务部直接投资数据采用方向原则编制和列示，两者对反向（逆向）投资和联属企业间投资的记录原则不同。除上述原则外，国际收支统计中的直接投资负债与商务部来华直接投资的差异还在于，直接投资负债包括了外商直接投资企业的未分配利润、已分配未汇出利润、盈余公积、股东贷款、金融机构吸收外资等内容。

图 1-6　我国资本和金融账户主要子项目的收支状况

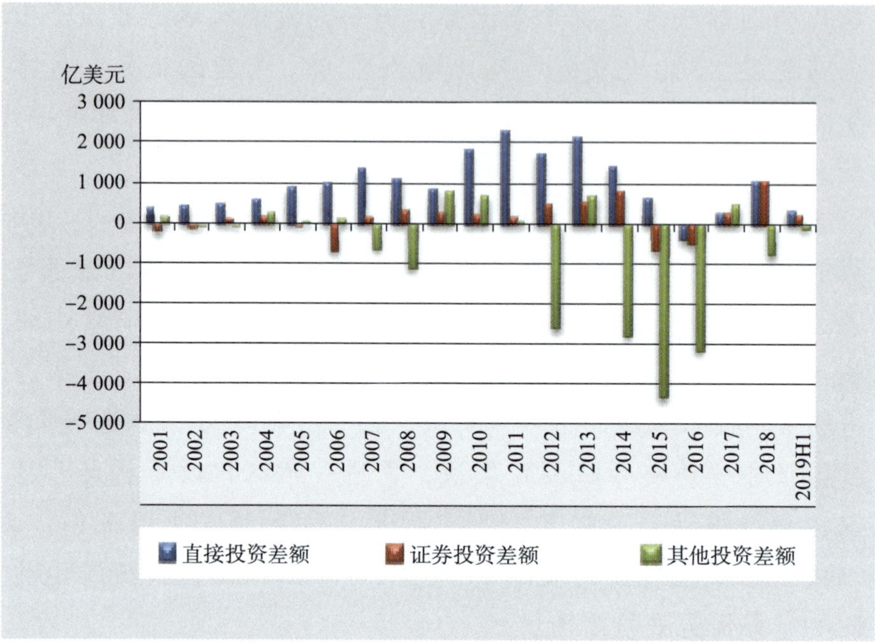

数据来源：国家外汇管理局。

证券投资呈现顺差。上半年，证券投资顺差 230 亿美元（见图 1-6），2017 年下半年以来已连续 8 个季度呈现顺差。其中，我国对外证券投资（资产净增加）390 亿美元，境外对我国证券投资（负债净增加）621 亿美元。

其他投资逆差收窄。上半年，贷款、贸易信贷等其他投资逆差 128 亿美元，同比减少 37%（见图 1-6）。其中，我国对外的其他投资净回流（资产净减少）105 亿美元，境外对我国的其他投资净流出（负债净减少）233 亿美元。

储备资产稳中有升。上半年，我国交易形成的储备资产（剔除汇率、价格等非交易价值变动影响）增加 24 亿美元。其中，交易形成的外汇储备增加 25 亿美元（见图 1-7）。截至 2019 年 6 月末，我国外汇储备余额 31 192 亿美元，较 2018 年末增加 465 亿美元。

图 1-7　我国交易形成的外汇储备资产变动额

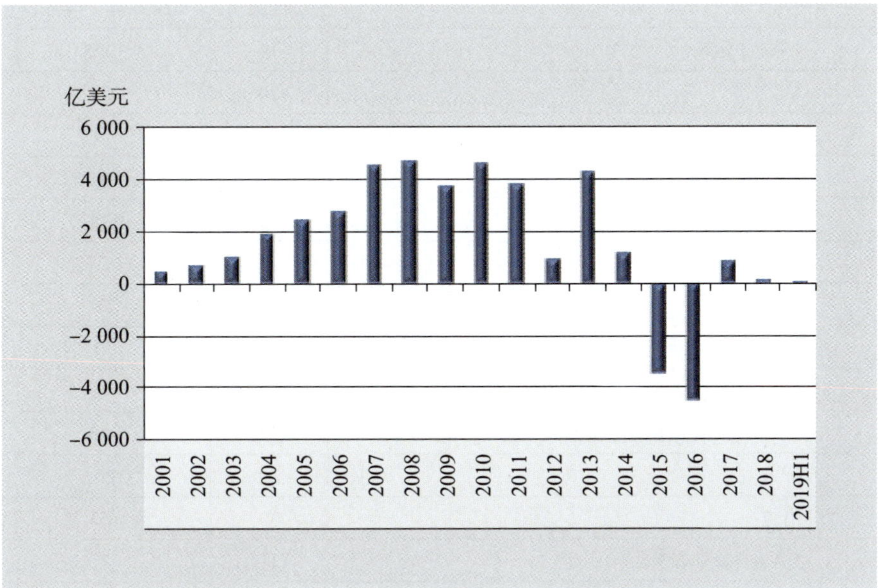

数据来源：国家外汇管理局。

表 1-2　2019 年上半年中国国际收支平衡表

单位：亿美元

项　　目	行次	2019 年上半年
1. 经常账户	1	**882**
贷方	2	14 104
借方	3	−13 222
1.A 货物和服务	4	**791**
贷方	5	12 686
借方	6	−11 895
1.A.a 货物	7	**2 084**
贷方	8	11 500
借方	9	−9 416
1.A.b 服务	10	**−1 293**
贷方	11	1 186
借方	12	−2 479
1.A.b.1 加工服务	13	**78**
贷方	14	79
借方	15	−1
1.A.b.2 维护和维修服务	16	**44**
贷方	17	60
借方	18	−16

续表

项　　目	行次	2019 年上半年
1.A.b.3 运输	19	**−275**
贷方	20	221
借方	21	−497
1.A.b.4 旅行	22	**−1 104**
贷方	23	172
借方	24	−1 275
1.A.b.5 建设	25	**25**
贷方	26	70
借方	27	−45
1.A.b.6 保险和养老金服务	28	**−33**
贷方	29	20
借方	30	−53
1.A.b.7 金融服务	31	**7**
贷方	32	19
借方	33	−12
1.A.b.8 知识产权使用费	34	**−141**
贷方	35	34
借方	36	−176
1.A.b.9 电信、计算机和信息服务	37	**31**
贷方	38	161
借方	39	−130
1.A.b.10 其他商业服务	40	**99**
贷方	41	336
借方	42	−237
1.A.b.11 个人、文化和娱乐服务	43	**−14**
贷方	44	5
借方	45	−19
1.A.b.12 别处未提及的政府服务	46	**−9**
贷方	47	8
借方	48	−18
1.B 初次收入	49	**37**
贷方	50	1 289
借方	51	−1 252
1.B.1 雇员报酬	52	**16**
贷方	53	72
借方	54	−56

续表

项　　目	行次	2019 年上半年
1.B.2 投资收益	55	**15**
贷方	56	1 208
借方	57	−1 193
1.B.3 其他初次收入	58	**7**
贷方	59	9
借方	60	−3
1.C 二次收入	61	**54**
贷方	62	129
借方	63	−75
1.C.1 个人转移	64	−2
贷方	65	20
借方	66	−22
1.C.2 其他二次收入	67	56
贷方	68	109
借方	69	−53
2. 资本和金融账户	70	**430**
2.1 资本账户	71	**−1**
贷方	72	1
借方	73	−2
2.2 金融账户	74	**430**
资产	75	−759
负债	76	1 190
2.2.1 非储备性质的金融账户	77	**454**
资产	78	−735
负债	79	1 190
2.2.1.1 直接投资	80	**352**
2.2.1.1.1 直接投资资产	81	**−467**
2.2.1.1.1.1 股权	82	−465
2.2.1.1.1.2 关联企业债务	83	−2
2.2.1.1.1.a 金融部门	84	−82
2.2.1.1.1.1.a 股权	85	−96
2.2.1.1.1.2.a 关联企业债务	86	13
2.2.1.1.1.b 非金融部门	87	−385
2.2.1.1.1.1.b 股权	88	−369
2.2.1.1.1.2.b 关联企业债务	89	−16
2.2.1.1.2 直接投资负债	90	**819**

续表

项　　目	行次	2019 年上半年
2.2.1.1.2.1 股权	91	700
2.2.1.1.2.2 关联企业债务	92	119
2.2.1.1.2.a 金融部门	93	87
2.2.1.1.2.1.a 股权	94	80
2.2.1.1.2.2.a 关联企业债务	95	7
2.2.1.1.2.b 非金融部门	96	731
2.2.1.1.2.1.b 股权	97	620
2.2.1.1.2.2.b 关联企业债务	98	112
2.2.1.2 证券投资	99	**230**
2.2.1.2.1 资产	100	**−390**
2.2.1.2.1.1 股权	101	−53
2.2.1.2.1.2 债券	102	−337
2.2.1.2.2 负债	103	**621**
2.2.1.2.2.1 股权	104	73
2.2.1.2.2.2 债券	105	548
2.2.1.3 金融衍生工具	106	**1**
2.2.1.3.1 资产	107	17
2.2.1.3.2 负债	108	−16
2.2.1.4 其他投资	109	**−128**
2.2.1.4.1 资产	110	**105**
2.2.1.4.1.1 其他股权	111	−15
2.2.1.4.1.2 货币和存款	112	−491
2.2.1.4.1.3 贷款	113	190
2.2.1.4.1.4 保险和养老金	114	−6
2.2.1.4.1.5 贸易信贷	115	590
2.2.1.4.1.6 其他	116	−162
2.2.1.4.2 负债	117	**−233**
2.2.1.4.2.1 其他股权	118	0
2.2.1.4.2.2 货币和存款	119	−428
2.2.1.4.2.3 贷款	120	619
2.2.1.4.2.4 保险和养老金	121	14
2.2.1.4.2.5 贸易信贷	122	−468
2.2.1.4.2.6 其他	123	30
2.2.1.4.2.7 特别提款权	124	0
2.2.2 储备资产	125	**−24**

续表

项　　目	行次	2019 年上半年
2.2.2.1 货币黄金	126	0
2.2.2.2 特别提款权	127	−1
2.2.2.3 在国际货币基金组织的储备头寸	128	2
2.2.2.4 外汇储备	129	−25
2.2.2.5 其他储备资产	130	0
3. 净误差与遗漏	131	**−1 312**

注：1. 本表根据《国际收支和国际投资头寸手册》(第六版) 编制。
2. “贷方”按正值列示，“借方”按负值列示，差额等于“贷方”加上“借方”。本表除标注“贷方”和“借方”的项目外，其他项目均指差额。
3. 本表计数采用四舍五入原则。
数据来源：国家外汇管理局。

（三）国际收支运行评价

在复杂多变的外部环境下，我国国际收支保持基本平衡。首先，经常账户差额继续处于合理区间。自 2018 年第二季度以来，我国经常账户持续呈现小幅顺差，2019 年上半年顺差与 GDP 之比为 1.3%；其次，非储备性质金融账户保持顺差。2017 年以来，非储备性质的金融账户呈现较为稳定的顺差，2019 年上半年延续这一态势（见图 1−8）。2019 年以来，在贸易保护主义升级、国际金融市场波动性上升的外部环境下，我国国际收支总体平衡，外汇储备保持平稳，体现了较强的适应性和稳定性。

图 1-8　我国国际收支主要结构

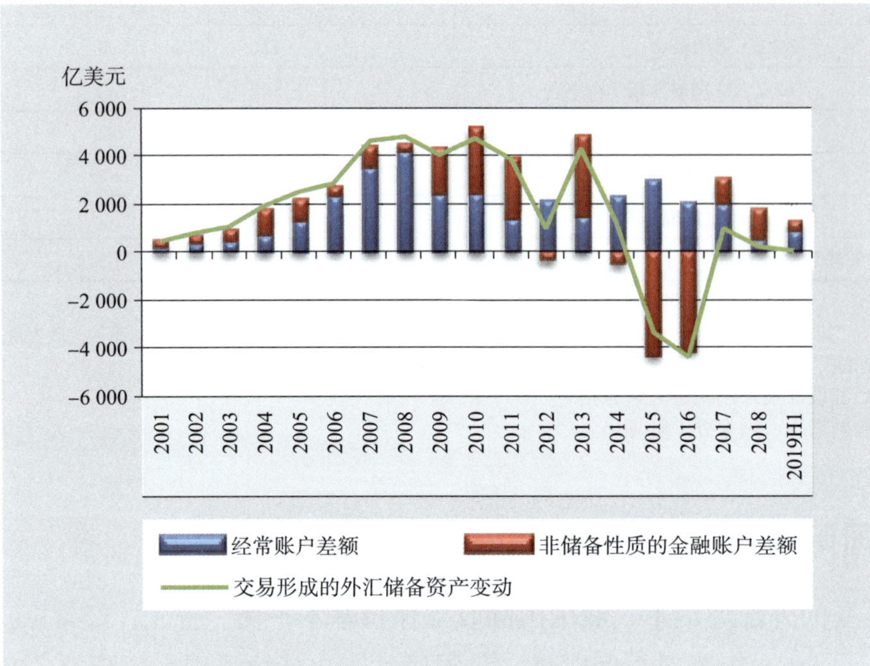

数据来源：国家外汇管理局。

经常账户顺差继续处于合理区间。2019 年上半年，我国经常账户顺差 882 亿美元，2018 年上半年和下半年分别为逆差 288 亿美元和顺差 779 亿美元，经常账户在小幅波动中保持基本平衡。从主要项目变化看，上半年货物贸易顺差与 GDP 之比为 3.1%，同比提升 0.8 个百分点；服务贸易逆差与 GDP 之比为 −1.9%，同比收窄 0.3 个百分点；初次收入由逆差转为小幅顺差，主要是投资收益状况明显改善（见图 1-9）。

图 1-9　我国经常账户收支主要结构

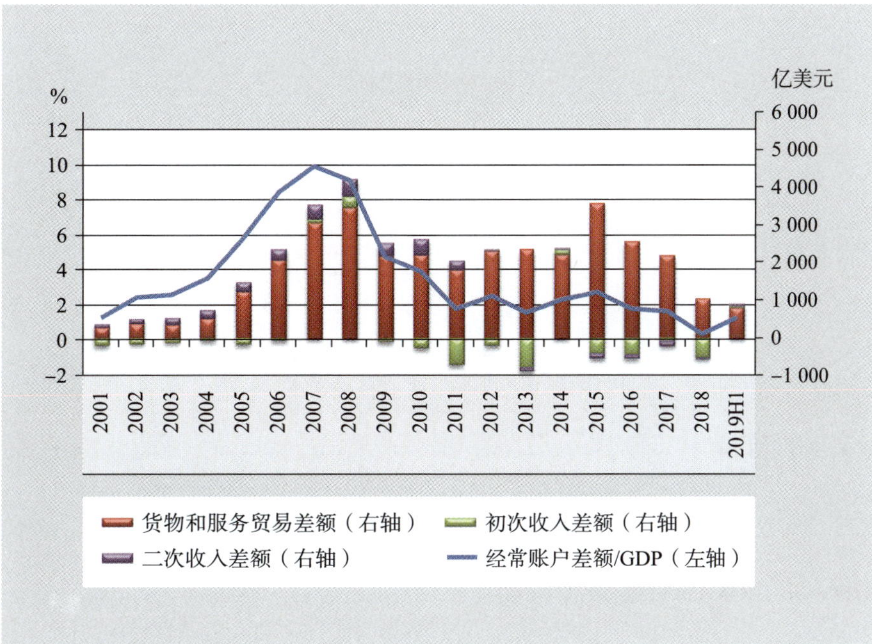

数据来源：国家外汇管理局、国家统计局。

跨境资本流动平稳有序，总体保持净流入。上半年，非储备性质的金融账户顺差 454 亿美元。其中，直接投资仍是较主要的顺差项目。上半年，我国国际收支口径的直接投资顺差 352 亿美元，占非储备性质金融账户顺差的比重为 77%。证券投资延续顺差，体现了证券市场开放效果以及人民币资产的国际吸引力。上半年，证券投资顺差 230 亿美元，占非储备性质金融账户顺差的比重为 51%，股权和债券性质的证券投资顺差分别为 20 亿美元和 210 亿美元。其他投资在正常范围内小幅波动，上半年累计逆差 128 亿美元，同比收窄 37%。

境内主体对外投资保持理性，境外主体来华投资结构改善。一方面，我国企业“走出去”步伐仍然平稳有序。2019 年上半年，我国对外直接投资和对外证券投资分别为 467 亿美元和 390 亿美元，同比分别增长 2% 和 3%。另一方面，在持续扩大对外开放、不断改善营商环境等政策措施下，境外投资者投资境内市场意愿保持稳定。上半年，外国来华直接投资和证券投资（中长期资产配置需求较高，如境外央行投资等）分别净流入 819 亿美元和 621 亿美元，分别占外国来华各类投资总规模的 69% 和 52%，占比较 2018 年同期分别提高 26 个和 15 个百分点（见图 1–10）。

图 1-10　2019 年上半年我国跨境资本流动的结构分析

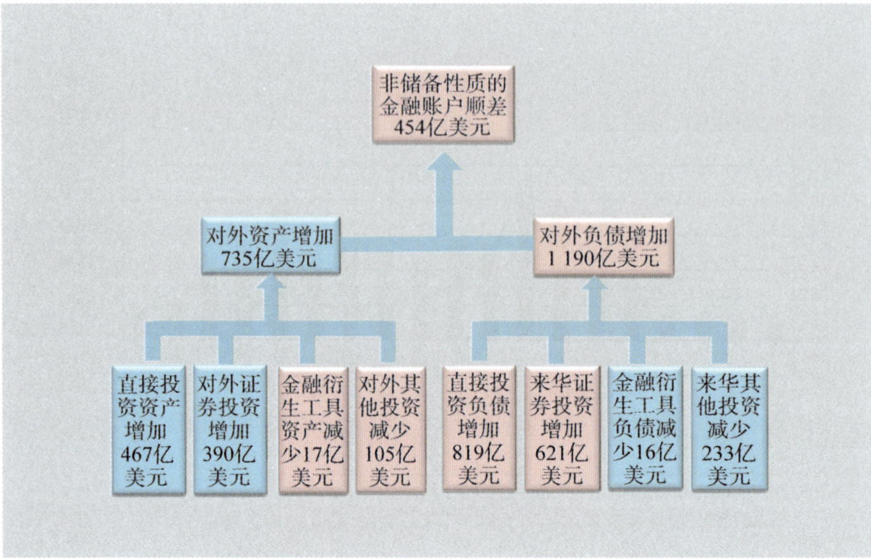

数据来源：国家外汇管理局。

二

国际收支主要项目分析

（一）货物贸易

货物贸易进出口总体稳定，贸易依存度下降。受贸易保护主义持续升级影响，全球贸易紧张局势升温。在此背景下，我国对外贸易保持总体稳定。据海关统计，2019 年上半年，我国进出口总额 2.2 万亿美元，同比略降 2%。上半年，我国外贸依存度（即进出口总额 /GDP）为 32.5%，较上年同期下降 1.2 个百分点，说明我国经济结构优化调整继续稳步推进（见图 2–1）。

图 2–1　我国进出口差额与外贸依存度

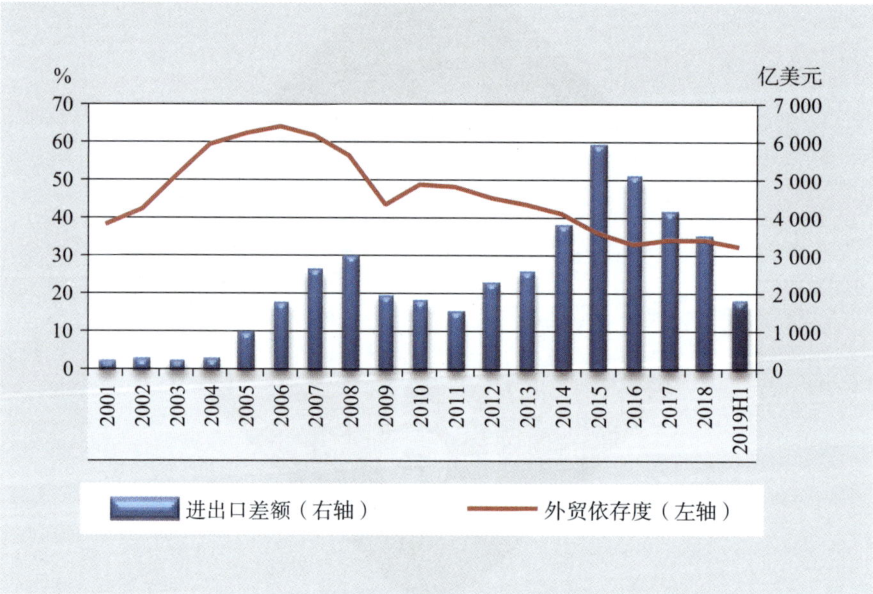

数据来源：海关总署、国家统计局。

出口数量与价格均有所上升，进口下降主要受周期性因素影响。根据海关统计，2019 年上半年，出口数量指数月均上升 1.6%，出口价格指数月均上升 4.6%。上半年，我国进口同比下降 4.3%，其中，进口数量指数月均下降 2.8%，主要受全球电子产品进入低增长周期影响，如上半年集成电路进口数量同比下降 5%，而上年同期增长 13%。上半年，进口价格指数月均上升 4.4%（见图 2–2）。

图 2-2　我国货物贸易进出口数量和价格指数

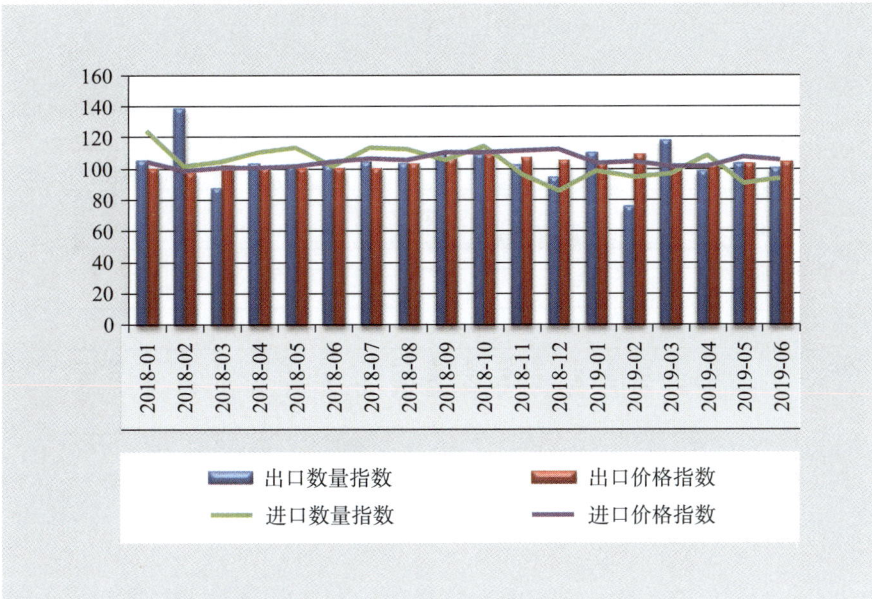

数据来源：海关总署。

民营企业在货物贸易进出口中的占比有所上升，外资企业进出口顺差增长较快。2019年上半年，民营企业货物进出口总额 8 637 亿美元，同比上升 5%，相当于全部进出口总额的 40.0%，较上年同期占比上升 2.7 个百分点；民营企业进出口顺差 2 736 亿美元，同比增长 14%。上半年，外商投资企业货物进出口总额 8 729 亿美元，同比下降 7%（见图 2-3），占全部进出口总额的 40.4%，较上年同期占比下降 2 个百分点；外商投资企业进出口顺差 527 亿美元，同比增长 33%。

图 2-3 我国按贸易主体货物贸易差额构成

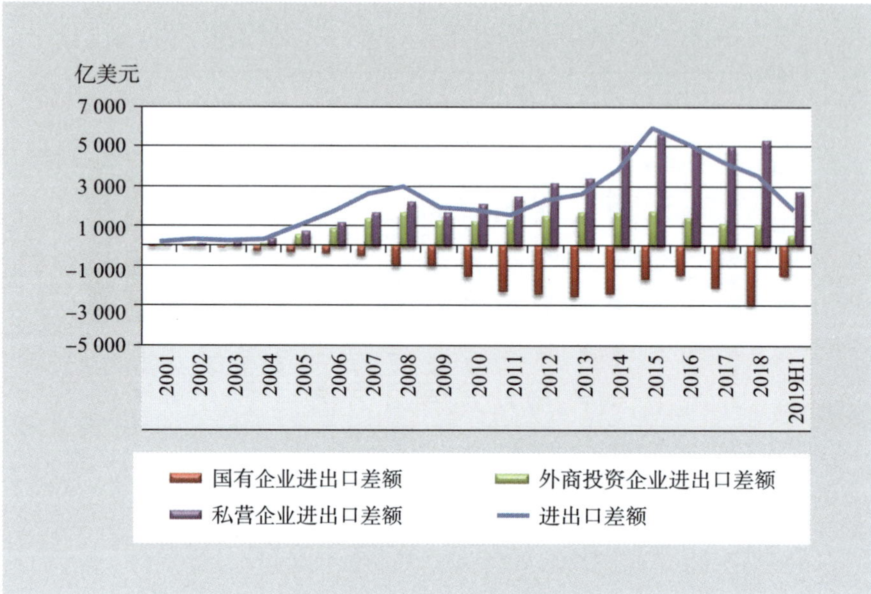

数据来源：海关总署。

我国对外贸易多元化逐步推进，与东盟、非洲以及“一带一路”沿线国家经贸往来更加紧密。2019 年上半年，我国与美国、日本的货物进出口占全部进出口总值的比例有所下降，与欧盟货物进出口占比上升。上半年，我国与东盟、拉丁美洲和非洲货物进出口占比分别为 13.5%、6.8% 和 4.7%，同比分别上升 0.7 个、0.2 个和 0.2 个百分点。从与“一带一路”沿线国家对外贸易的情况看，上半年货物进出口占比为 28.9%，同比上升 1.5 个百分点（见图 2-4）。

图 2-4　我国与主要国家和地区进出口占比情况

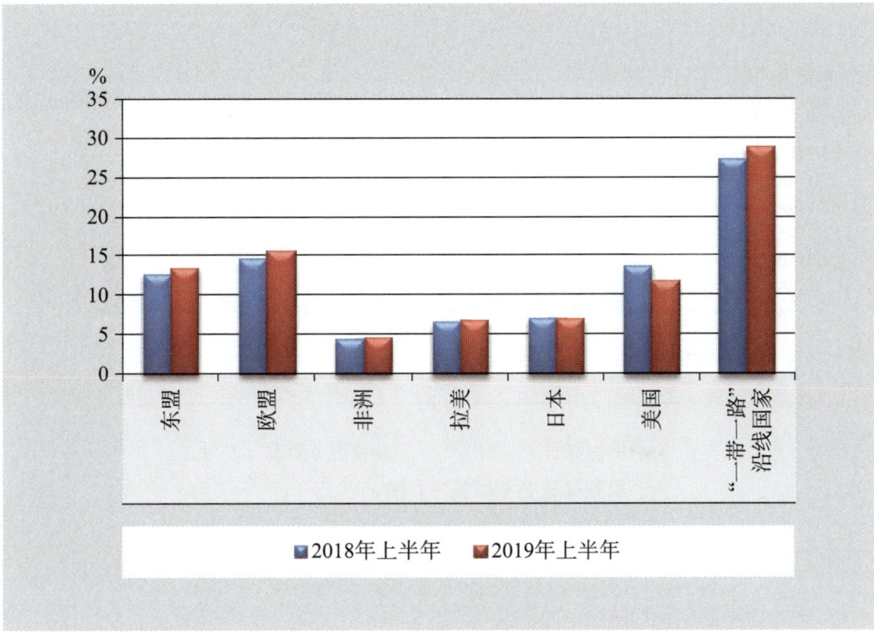

注：图中占比以人民币计价测算，“一带一路”沿线国家与东盟等地区国家有重合。
数据来源：海关总署。

（二）服务贸易

服务贸易规模略有下降。2019 年上半年，我国服务贸易收支总额 3 664 亿美元，同比下降 3%，服务贸易规模相当于货物贸易规模的 18%（见图 2-5）。其中，其他商业服务收入最高，为 336 亿美元；旅行支出金额最高，为 1 275 亿美元。

图 2-5　我国货物贸易和服务贸易收支总额比较

数据来源：国家外汇管理局。

服务贸易收入继续增长。2019 年上半年，服务贸易收入 1 186 亿美元，同比增长 3%（见图 2-6）。占服务贸易收入比重较大的项目中，咨询服务、技术服务等其他商业服务收入 336 亿美元，增长 2%，占比 28%；运输收入 221 亿美元，增长 12%，占比 19%；旅行收入 172 亿美元，下降 18%，占比 14%。新兴服务业继续保持增长，服务贸易结构不断优化。如电信、计算机和信息服务收入 161 亿美元，增长 10%；知识产权使用费收入 34 亿美元，增长 25%。

图 2-6　我国服务贸易收支情况

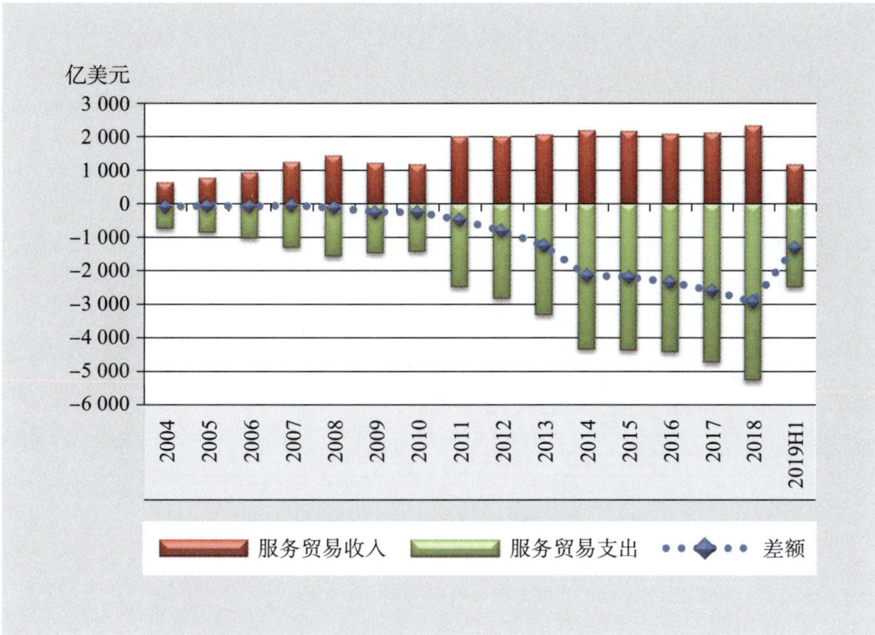

数据来源：国家外汇管理局。

服务贸易支出有所下降。2019 年上半年，服务贸易支出 2 479 亿美元，同比下降 6%。占服务贸易支出比重较大的项目中，旅行支出 1 275 亿美元，下降 10%，占比 51%；运输支出 497 亿美元，略降 4%，占比 20%；咨询服务、技术服务等其他商业服务支出 237 亿美元，增长 1%，占比 10%。此外，我国知识产权使用费支出 176 亿美元。

服务贸易逆差收窄。2019 年上半年，服务贸易逆差为 1 293 亿美元，同比收窄 12%。主要表现在：一是我国居民出国留学、旅游有所回落，旅行逆差明显收窄至 1 104 亿美元，下降 8%（见图 2-7）；二是运输支出因货物进口下降而减少，运输逆差 275 亿美元，收窄 14%；三是知识产权使用费逆差 141 亿美元。

图 2-7　我国旅行项目逆差对服务贸易逆差贡献度

数据来源：国家外汇管理局。

服务贸易国别集中度较高。2019 年上半年，我国服务贸易前十大伙伴国（地区）依次为中国香港、美国、日本、德国、新加坡、韩国、澳大利亚、英国、加拿大和中国台湾，合计规模达 2 580 亿美元，占我国服务贸易总规模的七成。除对新加坡为小额顺差外，我国对其余九个主要贸易伙伴国（地区）的服务贸易均呈逆差，除韩国和中国台湾外，逆差规模均不同程度收窄。其中，对中国香港、美国、澳大利亚、日本逆差仍超百亿美元（见图 2-8）。

图 2-8　2019 年上半年我国对主要贸易伙伴服务贸易收支情况

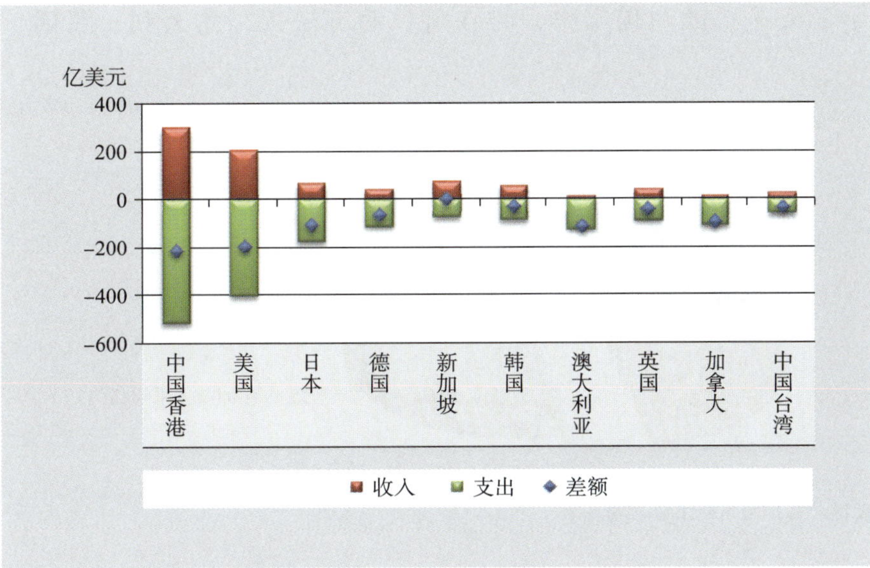

数据来源：国家外汇管理局。

专栏 2

我国居民个人境外旅行消费新特点

近年来，随着国内居民收入水平提高、消费能力增强，居民个人出境旅游、留学等消费日益普遍，主要呈现以下特点。

境外消费的支付渠道更加丰富便利。支付方式从传统的汇款和现金支付发展为银行卡刷卡支付，并且随着科技的发展，移动支付进一步便利了居民个人境外消费。2019 年上半年，我国旅行支出 1 275 亿美元。其中，银行卡刷卡消费仍是主要的支付方式，但移动支付快速提升，上半年移动支付方式的境外消费额较 2018 年同期翻番。

境外消费结构不断升级优化。根据支付的费用类别，旅行支出主要构成包括购物、留学、医疗、住宿、餐饮等。其中，购物一直是境内居民出境游的主要消费形式，但近年来支出逐步趋稳，说明我国居民个人出境购物消费日趋理性，也反映了境内购物环境改善吸引消费回流的积极变化。同时，我国居民个人对教育国际化的需求进一步增加，更愿意进行教育投入。以银行卡刷卡消费为例，2019 年上半年，境外消费中用于购物的金额与 2018 年同期大体相当，而留学等教育支出同比增长 20%。

超五成旅行支出发生在亚洲地区。2019 年上半年的旅行支出中，亚洲占比 54%；其次是美洲和欧洲，分别占比 24% 和 13%（见图 C2-1）。亚洲国家和地区中，排在前位的是中国香港、日本、中国澳门、中国台湾和韩国等。美洲国家中，排在前位的是美国、加拿大等。欧洲国家中，排在前位的有法国、意大利、英国、瑞士等。

图 C2-1　我国居民境外旅行消费地理分布概况

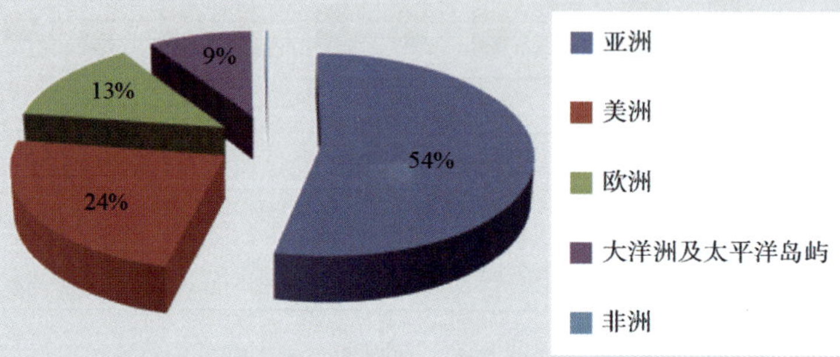

数据来源：国家外汇管理局。

居民个人在“一带一路”沿线国家的旅行消费增长。随着我国与“一带一路”沿线国家经贸活动等联系日趋紧密，境内居民个人更加了解相关国家，也更愿意将其作为旅行和消费目的地，在传统市场旅行消费保持稳定的同时，新兴市场旅行消费逐步提升。从年度数据看，居民个人在“一带一路”沿线国家消费金额近年来持续增长（见图 C2-2），其中，排名靠前的国家有新加坡、泰国、越南、印度尼西亚等。2019 年上半年，居民个人在“一带一路”沿线国家的消费金额 149 亿美元。

图 C2-2　我国居民在“一带一路”沿线国家年度旅行消费概况

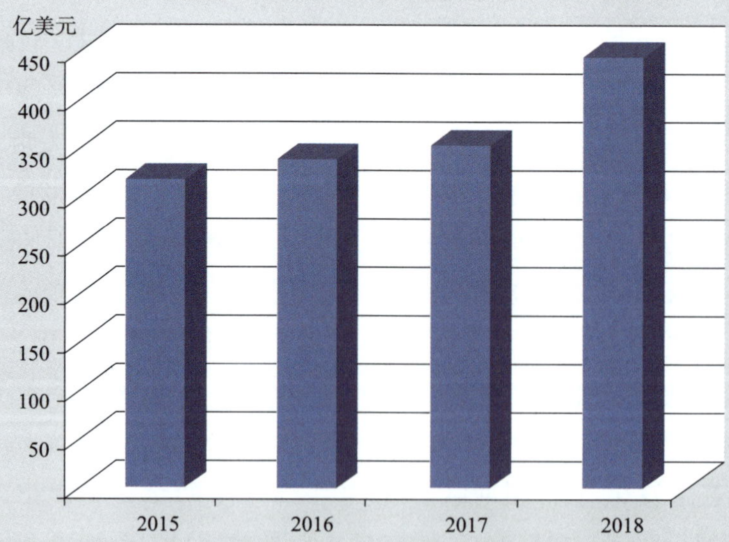

数据来源：国家外汇管理局。

（三）直接投资

直接投资呈现净流入①。2019年上半年，我国国际收支口径的直接投资净流入352亿美元（见图2-9），同比下降但较2018年下半年增长29%，近一年来总体表现稳定。

图2-9　我国对外直接投资基本情况

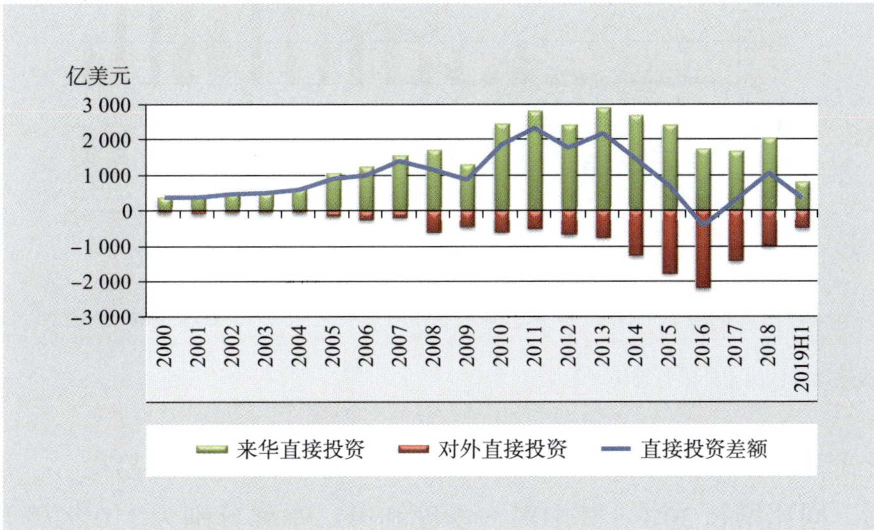

数据来源：国家外汇管理局。

对外直接投资保持平稳。2019年上半年，我国对外直接投资（资产净增加②）467亿美元，同比增长2%（见图2-10），国内企业对外直接投资保持理性有序。

① 直接投资净流动指直接投资资产净增加额（资金净流出）与直接投资负债净增加额（资金净流入）之差。当直接投资资产净增加额大于直接投资负债净增加额时，直接投资项目为净流出。反之，则直接投资项目为净流入。

② 直接投资资产以我国对外直接投资为主，但也包括少量境内外商投资企业对境外母公司的反向投资等。直接投资资产交易净增加，在国际收支平衡表中为负值，表示净流出。

图 2-10 我国对外直接投资状况

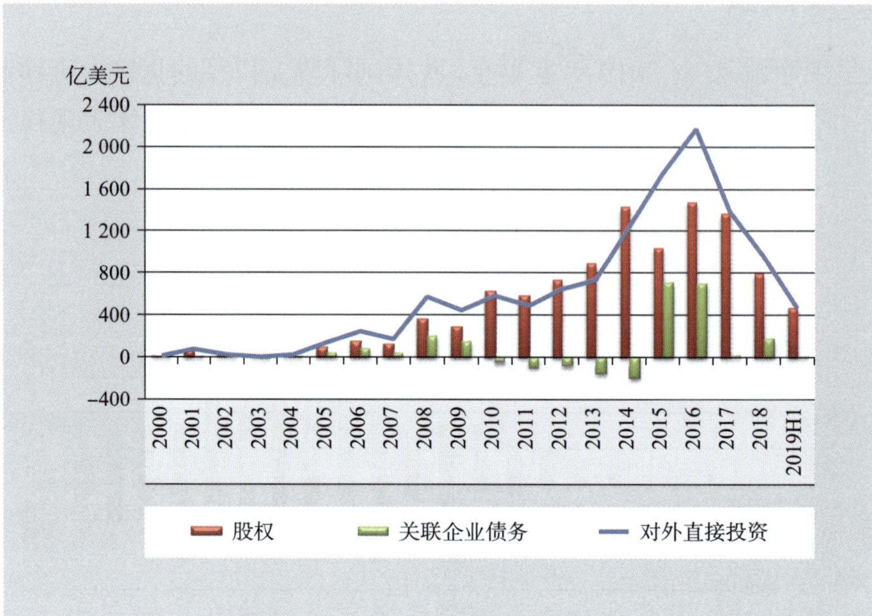

数据来源：国家外汇管理局。

从投资形式看，对外股权投资有所增长，对外的关联企业借贷趋稳。一是对外股权投资 465 亿美元，同比增长 30%。其中第一季度和第二季度分别为 210 亿美元和 257 亿美元。二是对境外关联公司贷款 2 亿美元，其中第一季度为净流出 8 亿美元，第二季度为净回流 6 亿美元，说明境内主体跨境借贷总体平稳。

分部门看，我国非金融部门对外直接投资稳中有升，以制造业为主；金融部门对外直接投资有所回落。一是非金融部门对外直接投资 385 亿美元，同比增长 7%，主要是新增股权投资和收益再投资合计增长 37%，而对境外关联公司贷款下降。在国内“走出去”的行业中，制造业继续保持首位，占比为 42%（见图 2-11）。二是金融部门对外直接投资 82 亿美元，同比下降 16%，逾六成投资来自银行部门。

图 2-11　2019 年上半年我国非金融部门对外直接投资分布情况（按投资目的地、国内行业划分）

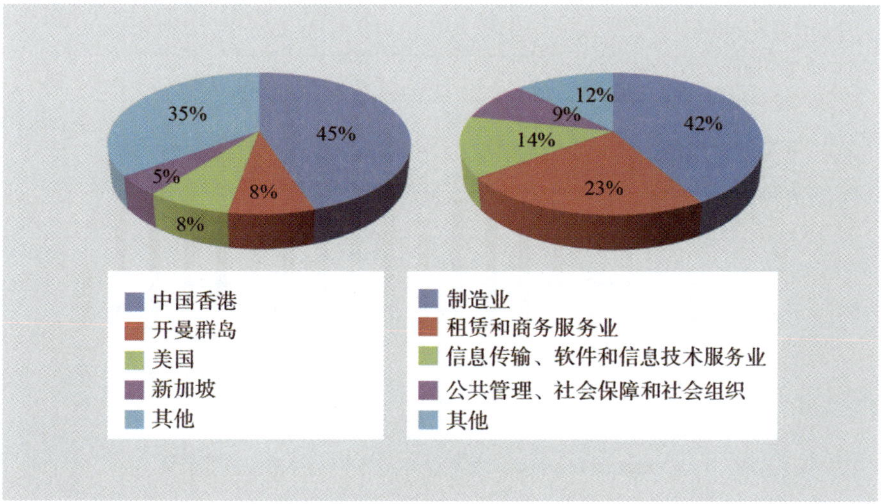

数据来源：国家外汇管理局。

外国来华直接投资继续保持较大净流入。2019 年上半年，外国来华直接投资（负债净增加①）819 亿美元，其中，关联贷款净流入回落，投资资本金同比继续增长。

从投资形式看，以来华股权投资为主，关联企业债务为辅。一是来华股权投资净流入 700 亿美元（见图 2-12）。其中，资本金形式的股权投资同比增长 17%，表明外资仍对我国经济发展前景保持信心。二是接受境外关联公司贷款 119 亿美元，同比回落但总体仍呈现净流入，反映外商投资企业继续利用国内和国际两个市场、两种资源开展投资。

① 直接投资负债以吸收来华直接投资为主，也包括少量境外子公司对境内母公司的反向投资等。直接投资负债交易净增加，在国际收支平衡表中为正值，表示净流入。

图 2–12　外国来华直接投资状况

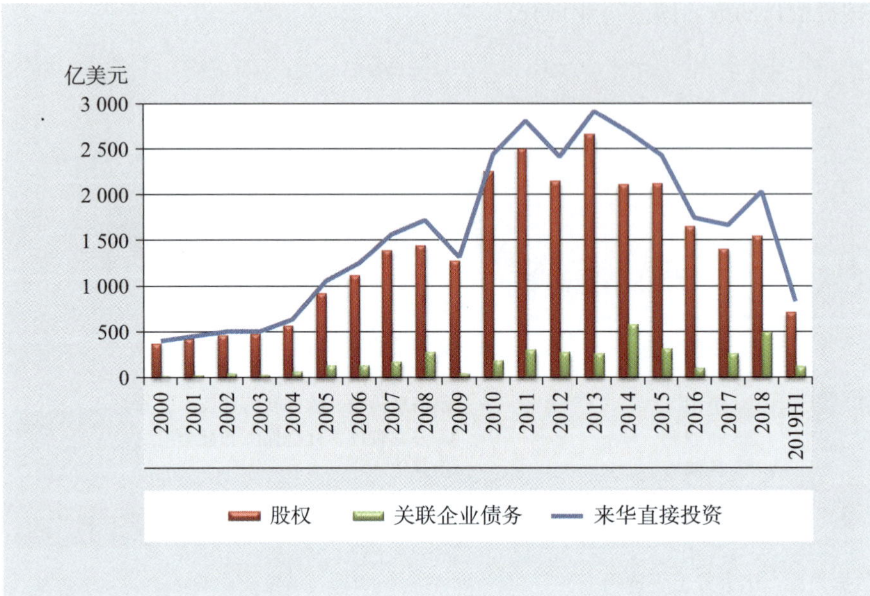

数据来源：国家外汇管理局。

分部门看，制造业和商务服务业是我国非金融部门吸收来华直接投资的主力部门。一是我国非金融部门吸收来华直接投资 731 亿美元，占来华直接投资总规模的九成。2019 年上半年，制造业吸收来华直接投资占整个非金融部门的 19%，持续稳居吸引来华直接投资最多的行业前两位。租赁和商务服务业是我国非金融部门吸收直接投资最多的行业，占比 27%。同时，对我国非金融部门直接投资最多的国家 / 地区是中国香港，占比逾七成，其次是韩国、新加坡和美国，三国合计占比 14%。二是我国金融部门吸收来华直接投资 87 亿美元，与上年同期基本持平。

（四）证券投资

证券投资保持净流入。2019 年上半年，我国证券投资净流入 230 亿美元（见图 2–13）。其中，股权投资项下净流入 20 亿美元，债券投资项下净流入 210 亿美元。总体看，上半年证券投资整体保持净流入，且双向投资中股票和债券均呈现增持，说明我国资本市场双向开放进一步促进了资本市场交易和跨境资本流动，人民币资产更具吸引力，更好地满足了境内外投资者跨境配置资产的需求。

图 2-13　我国跨境证券投资净额

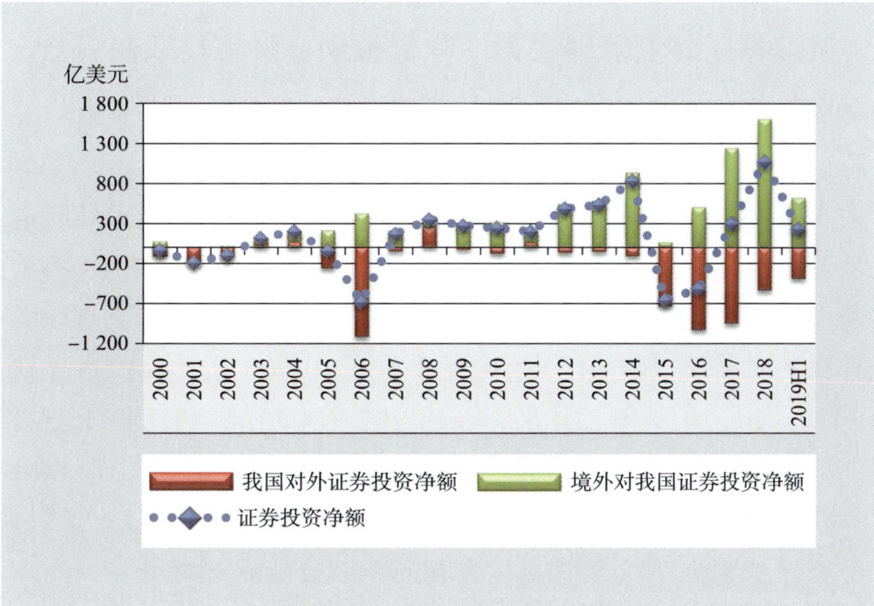

注：我国对外证券投资正值表示减持对外股权或债券，负值表示增持对外股权或债券；境外对我国证券投资正值表示增加对国内股权或债权投资，负值表示减少对国内股权或债券投资。

数据来源：国家外汇管理局。

对外证券投资保持稳定。2019 年上半年，我国对外证券投资（资产净增加）390 亿美元，同比略增 3%。其中，股权投资净流出 53 亿美元，同比下降 64%，债券投资净流出 337 亿美元，同比增长 46%。

从对外证券投资的主要渠道看，一是境内银行等金融机构投资境外股票和债券 277 亿美元；二是国内居民通过“港股通”和“基金互认”等渠道购买境外证券类资产 79 亿美元；三是合格境内机构投资者（QDII 及 RQDII）投资非居民发行的股票和债券合计 22 亿美元；四是我国居民购买非居民境内发行债券以及持有境外银行承兑远期信用证合计净流出 12 亿美元。

来华证券投资持续净流入。2019 年上半年，境外对我国证券投资（负债净增加）621 亿美元，仍保持较高规模。其中，境外对我国股权投资净流入 73 亿美元，债券投资净流入 548 亿美元。

从境外对我国证券投资的主要渠道看，一是境外机构投资境内债券市场（包含“债券通”）402 亿美元；二是“沪股通”和“深股通”渠道流入资金 176 亿美元；三是非居民购买我国机构境外发行的股票、债券（包括央行在香港发行的人民币央行票据）128 亿美元。

专栏 3

持续深化外汇管理改革　积极推动金融市场双向开放

2019 年以来，为落实党中央、国务院关于进一步扩大对外开放的决策部署，国家外汇管理局出台多项措施推动金融市场双向开放。

一是扩大合格境外投资者（QFII/RQFII）总投资额度，并于 9 月取消投资额度限制。为满足境外投资者对中国资本市场不断增长的投资需求，2019 年初，经国务院批准，合格境外机构投资者（QFII）总额度由 1 500 亿美元增加至 3 000 亿美元；人民币合格境外机构投资者（RQFII）总额度增加至 19 900 亿元人民币，试点国家和地区增加至 20 个。截至 2019 年 8 月末，共有 292 家 QFII 机构获批 1 113.76 亿美元投资额度，222 家 RQFII 机构获批 6 933.02 亿元人民币投资额度。与此同时，国家外汇管理局进一步优化基础额度内备案流程，提高备案效率，最短备案时间仅为一周，较好地满足了境外机构提高投资效率、把握市场机会方面的需求。

2019 年 9 月，经国务院批准，国家外汇管理局决定取消 QFII/RQFII 投资额度限制，这是 QFII/RQFII 外汇管理领域的又一重大改革举措。今后，具备相应资格的境外机构投资者，只需进行登记即可自主汇入资金开展符合规定的证券投资，境外投资者参与境内金融市场便利性将再次大幅提升，中国债券市场和股票市场也将更好、更广泛地被国际市场接受。

二是积极推动股票发行市场双向开放。2019 年 5 月 26 日，中国人民银行、国家外汇管理局发布《存托凭证跨境资金管理办法（试行）》（中国人民银行　国家外汇管理局公告〔2019〕第 8 号），明确存托凭证发行、存托以及跨境转换业务等所涉跨境资金管理要求，有力支持科创板红筹发行和“沪伦通”落地。2019 年 6 月，华泰证券在“沪伦通”项下发行首只全球存托凭证（GDR），4 家跨境转换机构顺利完成外汇登记，标志着股票市场开放实现从二级市场到一级市场领域的重要突破。

三是支持外籍员工参与境内上市公司股权激励。2019 年 2 月，中国人民银行、国家外汇管理局联合发布《境内上市公司外籍员工参与股权激励资金管理办法》，外籍员工可凭业务登记凭证直接在银行办理相关资金划转和汇兑业务，无需事前审批，并可自主选择参与股权激励的资金来源。

资本市场开放的进一步扩大，吸引了更多长期资金进入我国金融市场，有利于我国国际收支平衡和金融市场发展。根据国际收支口径，2019 年上半年，金融账户中的股票和债券项下跨境资金净流入 230 亿美元，占金融账户总体跨境资金净流入规模的 51%。2019 年 1 ~ 6 月，外资投资境内证券市场呈现净买入态势，股票市场和债券市场净买入规模超 3 000 亿元人民币。截至 2019 年 6 月末，外资持有境内证券市值较上年同期增长 25%，其中持有境内股票市值增长 28%，占 A 股流通总市值的 3.8%；持有境内债券市值增长 22%，占债券市场托管总量的 2.2%。

（五）其他投资

其他投资逆差收窄。2019 年上半年，我国其他投资逆差 128 亿美元，同比下降 37%（见图 2-14）。其中，货币和存款净流出 919 亿美元，贷款净流入 809 亿美元，贸易信贷净流入 122 亿美元，其他应收应付表现为净流出 132 亿美元。

图 2-14　我国其他投资净额

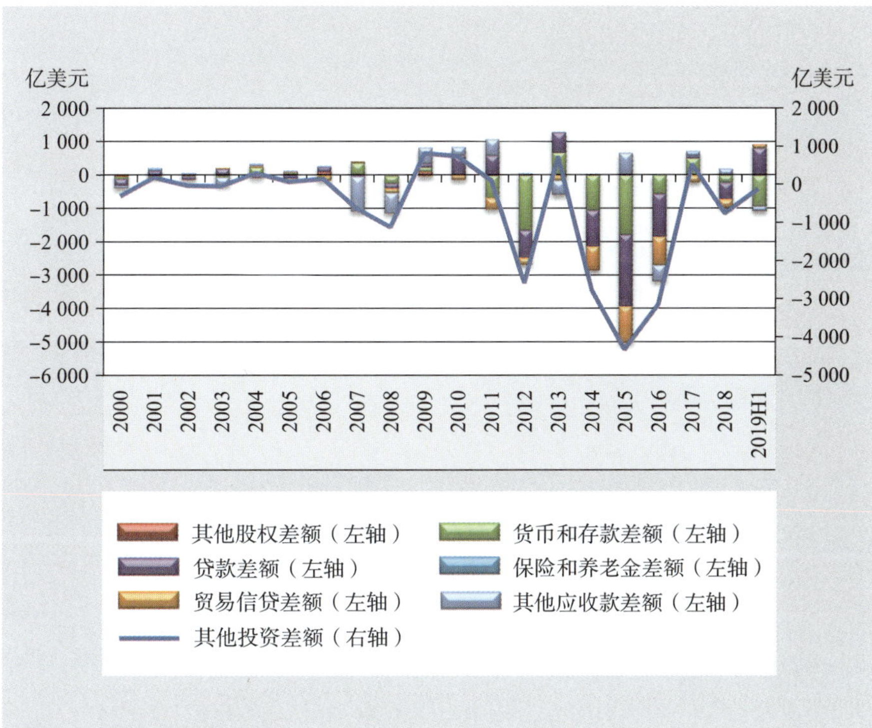

数据来源：国家外汇管理局。

对境外其他投资表现为资金净回流。2019 年上半年，我国对外其他投资净回流 105 亿美元，上年同期为净流出 803 亿美元。其中，出口应收等贸易信贷资产减少 590 亿美元，反映出口企业汇率预期较为稳定；在境外存款增加 491 亿美元，同比少增 19%；收回境外贷款 190 亿美元，上年同期为增加 506 亿美元；其他应收资产表现为增加 162 亿美元，上年同期为减少 193 亿美元。

吸收其他投资表现为资金净流出。2019 年上半年，我国吸收其他投资净流出 233 亿美元，上年同期为净流入 600 亿美元。其中，受进口同比下降 4% 影响，进口应付等贸易信贷负债减少 468 亿美元，上年同期为增加 15 亿美元；存贷款类负债增加 191 亿美元，同比少增 63%；其他应付负债增加 30 亿美元，同比少增 55%。

三

国际投资头寸状况

对外金融资产和负债①均保持增长。2019 年 6 月末，我国对外金融资产 74 427 亿美元，较上年末（下同）增长 1.6%；对外负债 54 175 亿美元，增长 4.3%；对外净资产为 20 252 亿美元，下降 4.9%（见图 3–1）。

图 3–1　我国对外金融资产、负债及净资产状况

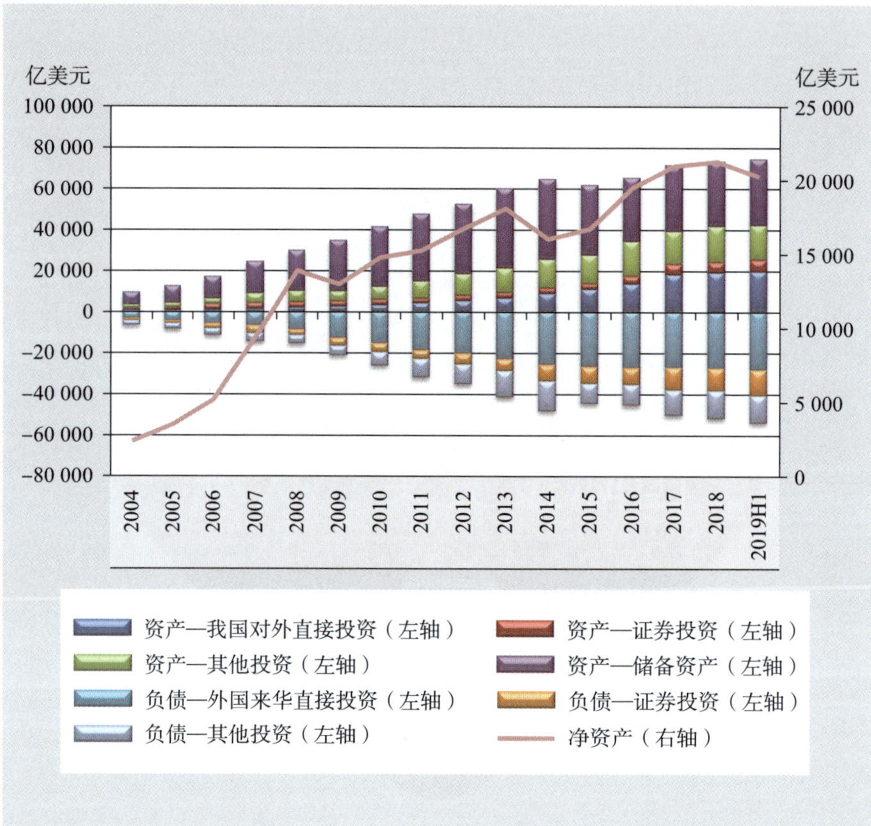

数据来源：国家外汇管理局。

对外资产中储备资产仍居首位，总体结构继续优化。2019 年 6 月末，我国对外金融资产中，国际储备资产余额为 32 252 亿美元，较上年末增长 1.8%，其中由交易引起的储备资产余额增加 24 亿美元，由汇率及价格等非交易因素引起的储备资产余额增加 548 亿美元。储备资产占我国对外金融资产总额的 43%，继续占据对外资产首位，但该占比为 2004 年公布国际投资头寸数据以来的最低水平；直接投资资产 19 522 亿美元，占资产总额的比

① 对外金融资产和负债包括直接投资、证券投资及存贷款等其他投资。之所以对外直接投资属于金融资产范畴，是因为境内投资者持有的是境外被投资企业的股权，这与证券投资中的股权投资无本质区别，只是直接投资通常持股比例较高，意在影响或控制企业的生产经营活动。反之，外来直接投资则属于对外金融负债范畴，也是境外投资者对外商投资企业的权益。

重为 26%，与上年末占比基本持平；证券投资资产 5 602 亿美元，占比 8%，较上年末增加 1 个百分点；金融衍生工具资产 80 亿美元，占比 0.1%；存贷款等其他投资资产 16 970 亿美元，占比 23%（见图 3-2）。

图 3-2　我国对外资产结构变化

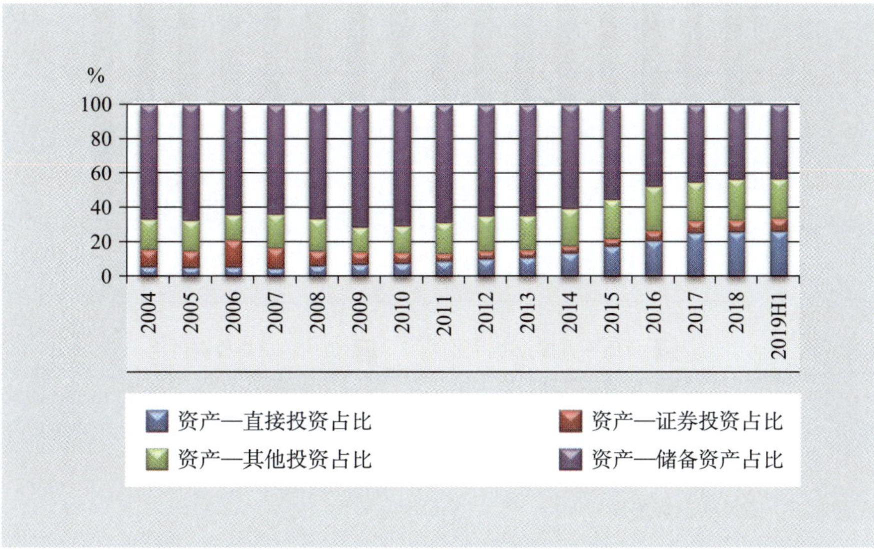

数据来源：国家外汇管理局。

对外负债仍以外国来华直接投资为主，来华证券投资占比上升。 2019 年 6 月末，我国对外负债中，外国来华直接投资 28 348 亿美元[①]，较上年末增长 2.6%，继续位列对外负债首位，占比 52%；证券投资负债 12 633 亿美元，占比 23%，较上年末上升 2 个百分点；金融衍生工具负债 77 亿美元，占比 0.1%；存贷款等其他投资负债 13 117 亿美元，占比 24%（见图 3-3）。

① 外国来华直接投资存量包括我国非金融部门和金融部门吸收来华直接投资存量，以及境内外母子公司间贷款和其他债务性往来，并反映了价值重估因素影响。该口径与商务部统计的累计吸收外商直接投资不同，后者是历年外商直接投资股本投资流量累加。

图 3-3　我国对外负债结构变化

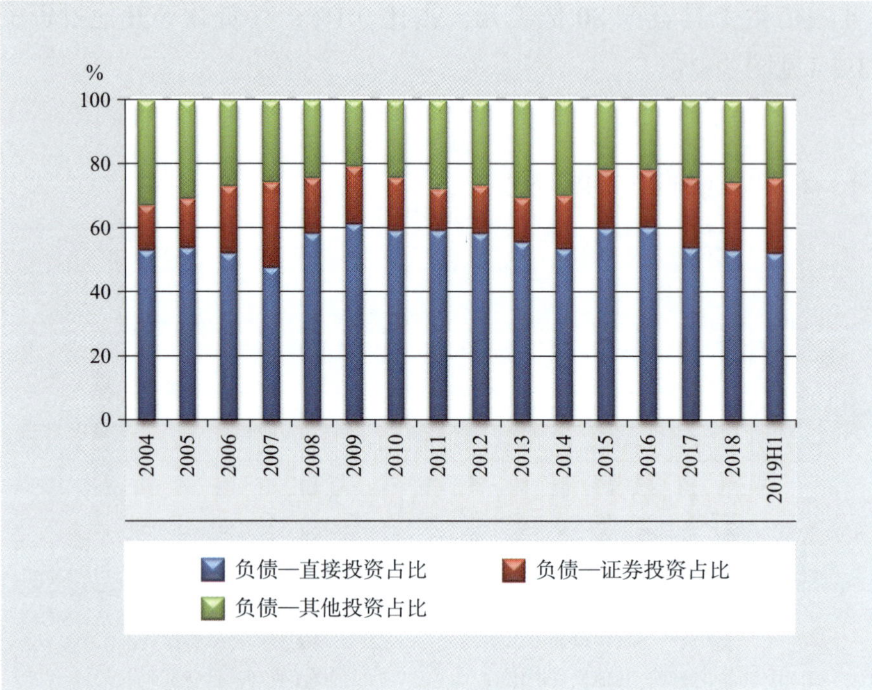

数据来源：国家外汇管理局。

投资收益[①]**转为小幅顺差，体现了我国对外资产负债结构的积极变化。**2019 年上半年，我国国际收支平衡表中投资收益为小幅顺差 15 亿美元。其中，我国对外投资收益收入 1 208 亿美元，对外负债收益支出 1 193 亿美元。从资产端看，我国对外金融资产中储备资产占比近年来逐渐下降，民间部门持有的资产占比增加。储备资产为流动性较强的资产，而民间部门以直接投资为主，流动性较小，寻求长期的较高回报。从负债端看，在我国经济结构升级、从高速增长转向高质量发展的过程中，来华直接投资回报率依然相对较高，吸引直接投资资金持续流入。同时，随着我国境内证券市场开放度增加和人民币资产吸引力增强，来华债券等证券投资占比增加。但一般而言，二级市场投资带来的股息利息等投资收益率低于直接投资的利润。

① 投资收益数据来自 2019 年上半年国际收支平衡表数据。

表 3-1　2019 年 6 月末中国国际投资头寸表

单位：亿美元

项　　目	行次	2019 年 6 月末
净头寸[①]	**1**	**20 252**
资产	**2**	**74 427**
1 直接投资	**3**	**19 522**
1.1 股权	4	16 822
1.2 关联企业债务	5	2 701
1.a 金融部门	6	2 665
1.1.a 股权	7	2 552
1.2.a 关联企业债务	8	113
1.b 非金融部门	9	16 857
1.1.b 股权	10	14 269
1.2.b 关联企业债务	11	2 588
2 证券投资	**12**	**5 602**
2.1 股权	13	3 034
2.2 债券	14	2 568
3 金融衍生工具	**15**	**80**
4 其他投资	**16**	**16 970**
4.1 其他股权	17	69
4.2 货币和存款	18	3 982
4.3 贷款	19	6 895
4.4 保险和养老金	20	118
4.5 贸易信贷	21	5 382
4.6 其他应收款	22	524
5 储备资产	**23**	**32 252**
5.1 货币黄金	24	873
5.2 特别提款权	25	108
5.3 在国际货币基金组织的储备头寸	26	82
5.4 外汇储备	27	31 192
5.5 其他储备	28	−3
负债	**29**	**54 175**
1 直接投资	**30**	**28 348**
1.1 股权	31	26 066
1.2 关联企业债务	32	2 282
1.a 金融部门	33	1 537

① 净头寸是指资产减负债，“+”表示净资产，“−”表示净负债。本表记数采用四舍五入原则。

续表

项　　目	行次	2019年6月末
1.1.a 股权	34	1 384
1.2.a 关联企业债务	35	153
1.b 非金融部门	36	26 811
1.1.b 股权	37	24 681
1.2.b 关联企业债务	38	2 129
2 证券投资	**39**	**12 633**
2.1 股权	40	8 019
2.2 债券	41	4 614
3 金融衍生工具	**42**	**77**
4 其他投资	**43**	**13 117**
4.1 其他股权	44	0
4.2 货币和存款	45	4 417
4.3 贷款	46	4 799
4.4 保险和养老金	47	125
4.5 贸易信贷	48	3 463
4.6 其他应付款	49	216
4.7 特别提款权	50	97

数据来源：国家外汇管理局。

四

外汇市场运行与人民币汇率

（一）人民币汇率走势

人民币对美元汇率保持基本稳定。2019 年 6 月末，人民币对美元汇率中间价为 6.8747 元 / 美元，较上年末贬值 0.17%，境内市场（CNY）和境外市场（CNH）即期交易价累计升值 0.12% 和 0.17%（见图 4–1），境内外市场日均价差 97 个基点，低于上年全年日均价差（102 个基点）。5 月以来，人民币对美元汇率波动有所加大，但在全球范围内仍属于稳定货币，人民币汇率在合理均衡水平上保持了基本稳定。

图 4–1　2019 年境内外人民币对美元即期汇率走势

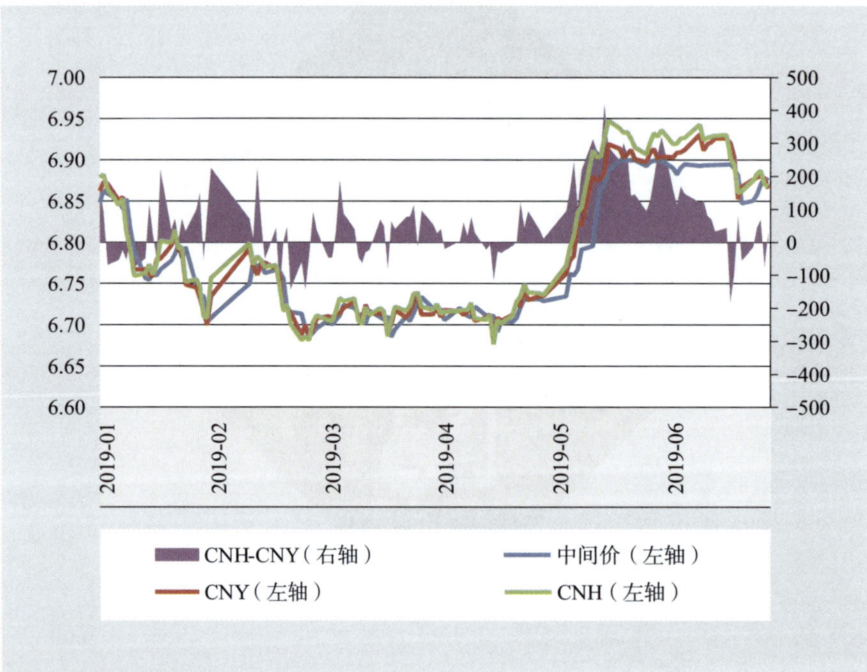

数据来源：中国外汇交易中心、路透数据库。

人民币对其他国际主要货币汇率走势分化。2019 年 6 月末人民币对欧元、日元、英镑、澳元、加元汇率中间价分别为 7.8170 元 / 欧元、6.3816 元 /100 日元、8.7113 元 / 英镑、4.8156 元 / 澳元、5.2490 元 / 加元，分别较上年末升值 0.39%、贬值 3.02%、贬值 0.40%、升值 0.20% 和贬值 4.02%（见图 4–2）。

图 4-2　人民币对主要发达和新兴市场货币中间价涨跌幅

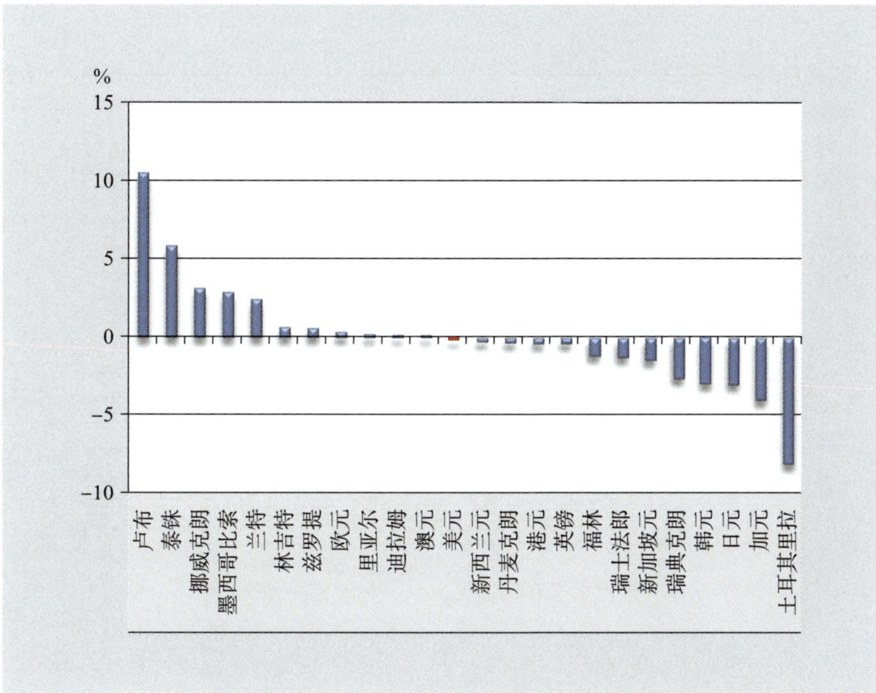

数据来源：中国外汇交易中心。

人民币对一篮子货币基本稳定。根据中国外汇交易中心的数据，2019 年 6 月末 CFETS 人民币汇率指数、参考 BIS 货币篮子和 SDR 货币篮子的人民币汇率指数分别为 92.66、96.08 和 92.89，分别较上年末小幅贬值 0.66%、0.72% 和 0.27%。

图 4-3　人民币有效汇率

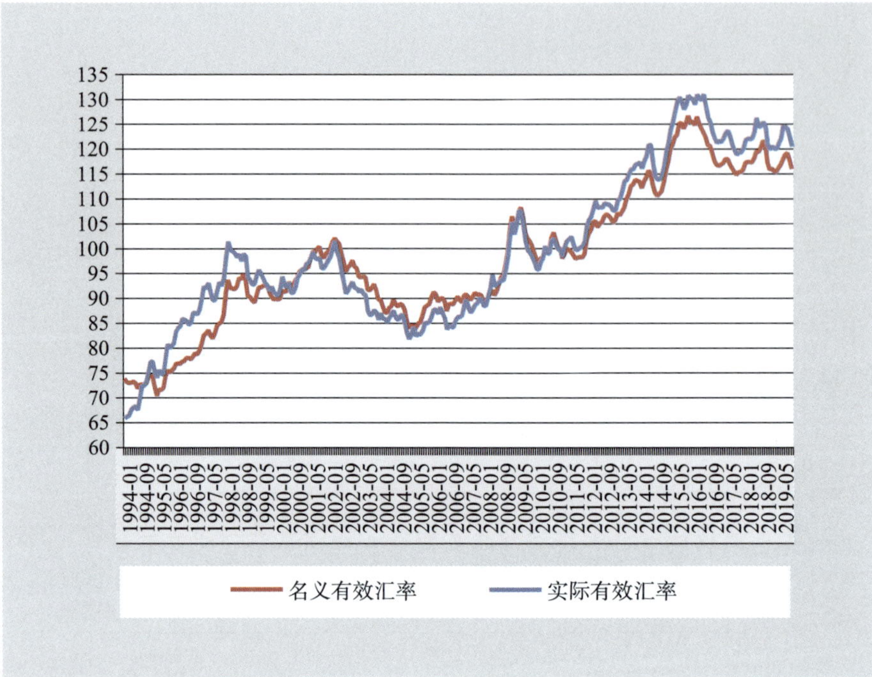

数据来源：国际清算银行。

根据国际清算银行（BIS）的数据，2019 年上半年人民币名义有效汇率累计贬值 0.2%，扣除通货膨胀因素的实际有效汇率累计贬值 0.5%（见图 4-3）；2005 年人民币汇率形成机制改革以来，人民币名义和实际有效汇率累计分别升值 34.0% 和 44.3%。

人民币汇率双向波动弹性维持较高水平。2019 年 6 月末，境内外市场人民币对美元汇率 1 年期历史波动率分别为 4.2% 和 5.1%，较年初分别下降 0.1 个和 0.3 个百分点，但仍处于历史较高水平；期权市场隐含波动率分别为 4.6% 和 5.6%，较年初分别下降 0.6 个和 0.5 个百分点（见图 4-4）。

图 4-4　境内外市场人民币对美元汇率 1 年期波动率

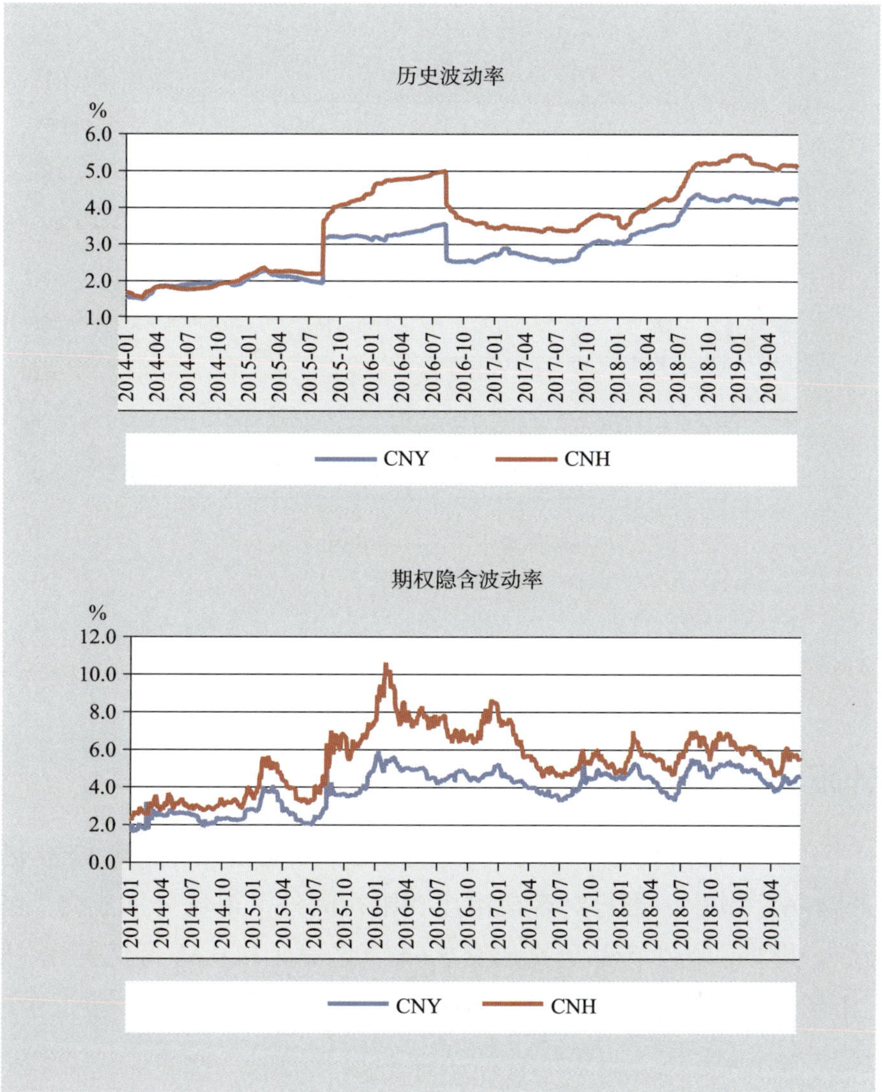

数据来源：彭博资讯。

期权市场显示人民币汇率预期平稳。2019 年上半年，境内外风险逆转指标（看涨美元 / 看跌人民币期权与看跌美元 / 看涨人民币期权的波动率之差）分别为 0.64% 和 1.36%，上年末分别为 0.92% 和 0.93%（见图 4-5）。上半年，境内外期权风险逆转指标呈现先降后升的波动走势，阶段性高点远低于历史高位，显示汇率预期相对稳定。

图 4-5 境内外人民币对美元期权市场 1 年期风险逆转指标

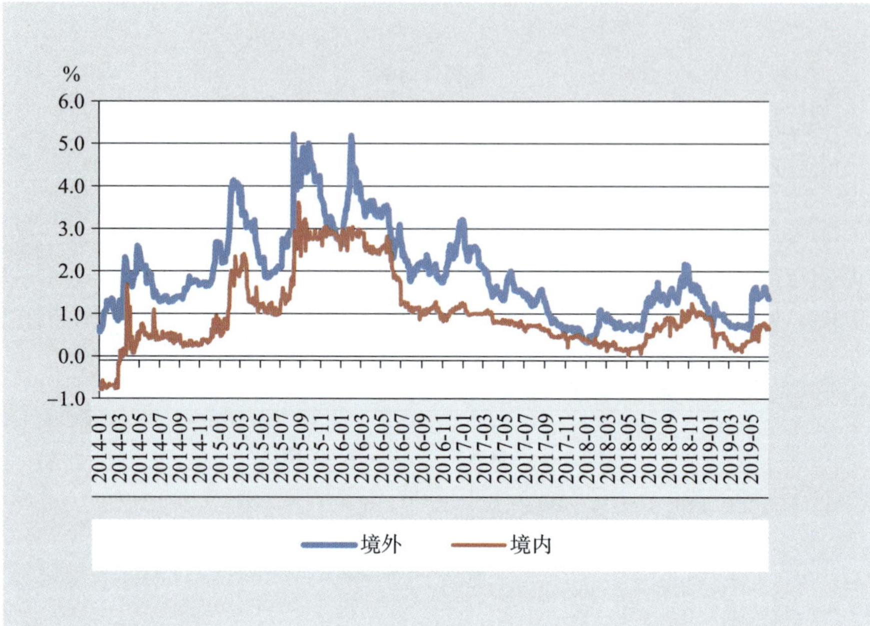

数据来源：彭博资讯。

（二）外汇市场交易

2019 年上半年，人民币外汇市场累计成交 15.27 万亿美元（日均 1294 亿美元），同比增长 16%（见图 4-6）。其中，银行对客户市场和银行间外汇市场分别成交 1.98 万亿美元和 13.29 万亿美元[①]；即期和衍生产品分别成交 5.64 万亿美元和 9.63 万亿美元（见表 4-6），衍生产品在外汇市场交易总量中的比重升至 63%，交易产品构成进一步接近全球外汇市场状况（见图 4-7）。

① 银行对客户市场采用客户买卖外汇总额，银行间外汇市场采用单边交易量，以下同。

图 4-6 我国外汇市场交易量

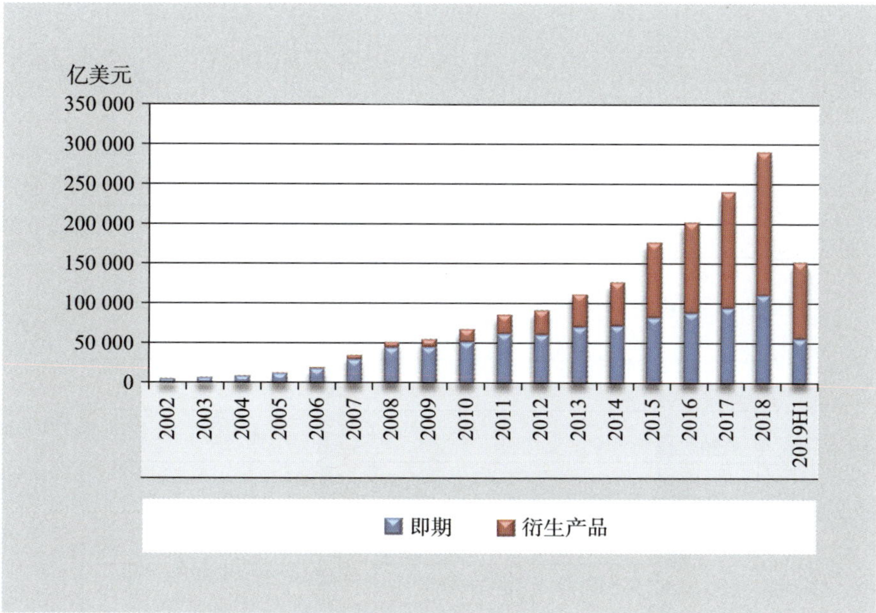

数据来源：国家外汇管理局、中国外汇交易中心。

即期外汇交易平稳增长。2019 年上半年，即期市场累计成交 5.64 万亿美元，同比增长 15 %。在市场分布上，银行对客户即期结售汇（含银行自身，不含远期履约）累计 1.64 万亿美元，减少 1%；银行间即期外汇市场累计成交 4.00 万亿美元，增长 23%，其中美元交易份额为 96%。

图 4-7 我国与全球外汇市场的交易产品构成比较

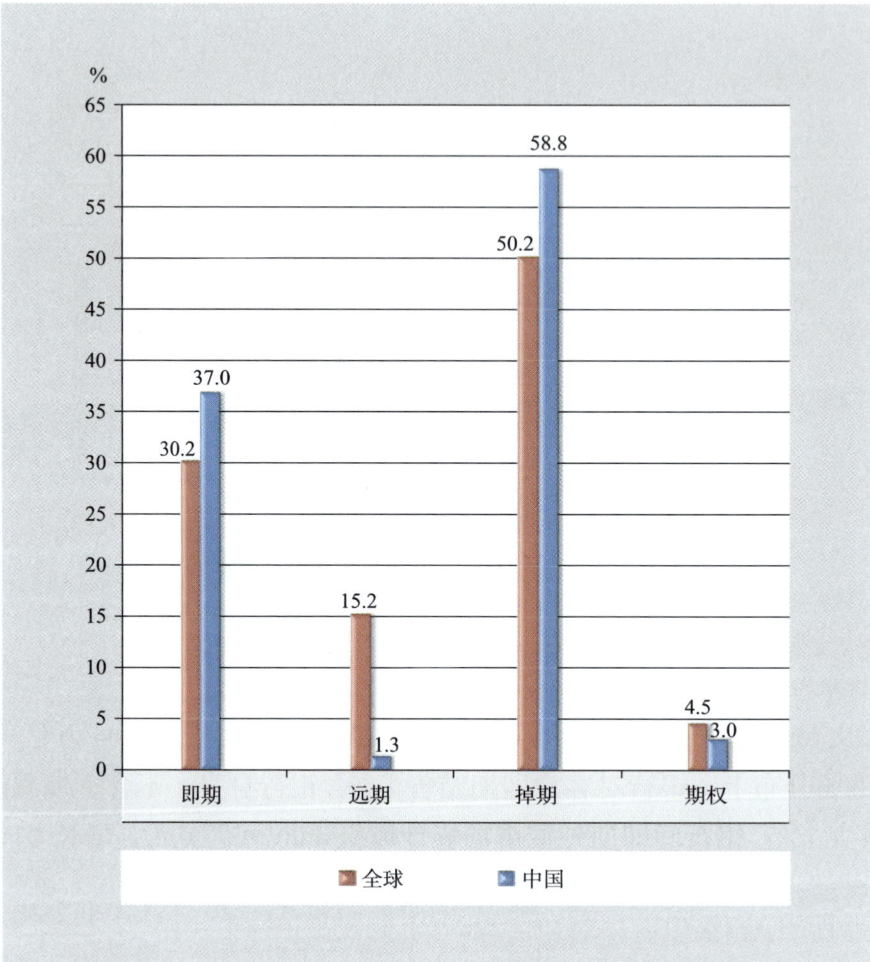

注：中国为 2019 年上半年数据，全球为国际清算银行 2019 年 4 月调查数据。
数据来源：国家外汇管理局、中国外汇交易中心、国际清算银行。

远期外汇交易减少。2019 年上半年，远期市场累计成交 1 931 亿美元。在市场分布上，银行对客户远期结售汇累计签约 1 503 亿美元，其中结汇和售汇分别为 1 140 亿美元和 363 亿美元（见图 4-8），6 个月以内的短期交易占 71%，较上年同期上升 6.4 个百分点；银行间远期外汇市场累计成交 428 亿美元。

图 4-8 银行对客户远期结售汇交易量

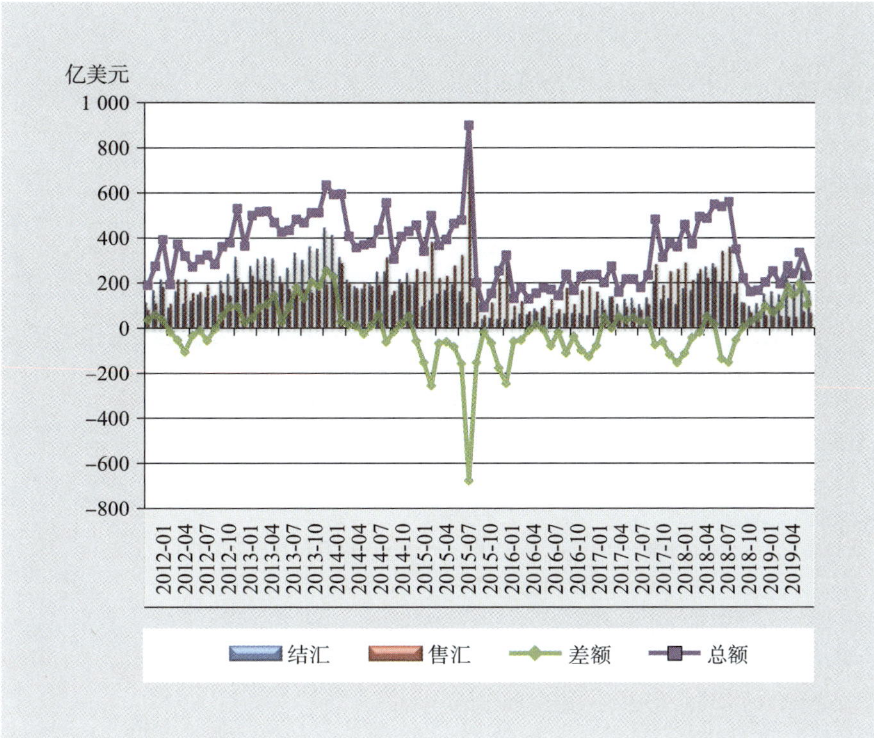

数据来源：国家外汇管理局。

掉期交易持续增长。2019 年上半年，外汇和货币掉期市场累计成交 8.98 万亿美元，同比增长 18%。在市场分布上，银行对客户外汇和货币掉期累计签约 569 亿美元，增长 77%，其中近端结汇 / 远端购汇和近端购汇 / 远端结汇的交易量分别为 507 亿美元和 62 亿美元，分别增长 95% 和 1%；银行间外汇和货币掉期市场累计成交 8.93 万亿美元，增长 18%，掉期交易是银行管理本外币流动性的一个重要工具。

外汇期权交易增长。2019 年上半年，期权市场累计成交 4 520 亿美元，同比上升 27%。在市场分布上，银行对客户期权市场累计成交 1 336 亿美元，增长 22%；银行间外汇期权市场累计成交 3 184 亿美元，增长 29%。

外汇市场参与者结构基本稳定。银行自营交易延续主导地位（见图 4-9），2019 年上半年银行间交易占整个外汇市场的比重从 2018 年的 85% 上升至 86%；非金融客户交易的比重从 14% 下降至 12%；非银行金融机构交易的市场份额从 2018 年的 1% 上升至 2%，非银行金融机构在我国外汇市场的参与度仍有限。

图 4-9　我国外汇市场的参与者结构

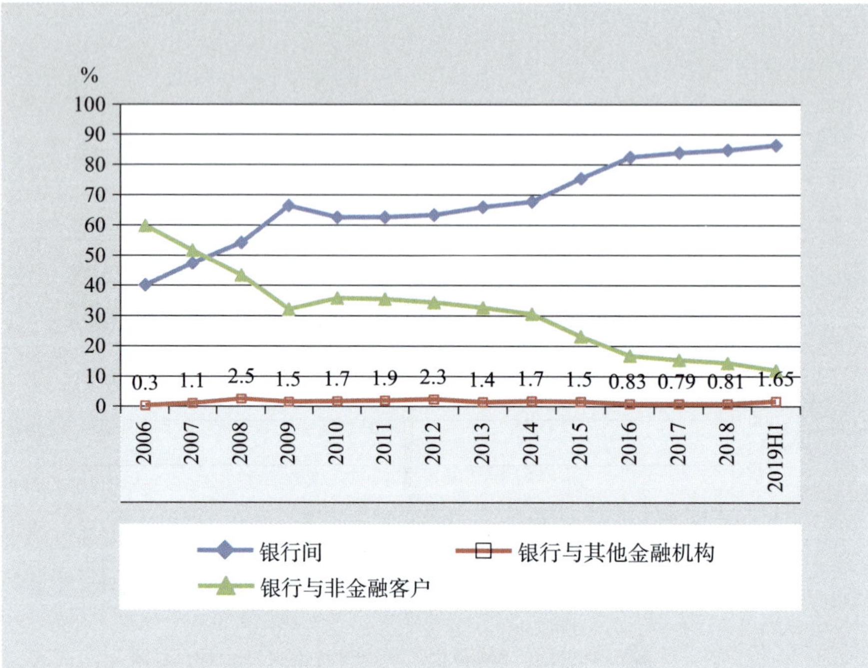

数据来源：国家外汇管理局、中国外汇交易中心。

表 4-1　2019 年上半年人民币外汇市场交易概况

单位：亿美元

交易品种	交易量
即期	**56 426**
银行对客户市场	**16 403**
银行间外汇市场	**40 024**
远期	**1 931**
银行对客户市场	**1 503**
其中：3 个月（含）以下	759
3 个月至 1 年（含）	632
1 年以上	113
银行间外汇市场	**428**
其中：3 个月（含）以下	322
3 个月至 1 年（含）	91
1 年以上	14
外汇和货币掉期	**89 824**
银行对客户市场	**569**
银行间外汇市场	**89 255**
其中：3 个月（含）以下	78 492

续表

交易品种	交易量
3 个月至 1 年（含）	10 293
1 年以上	470
期权	4 520
银行对客户市场	**1 336**
其中：买入期权	**677**
卖出期权	659
其中：3 个月（含）以下	512
3 个月至 1 年（含）	706
1 年以上	119
银行间外汇市场	**3 184**
其中：3 个月（含）以下	2 058
3 个月至 1 年（含）	1 110
1 年以上	16
合计	**152 702**
银行对客户市场	**19 812**
银行间外汇市场	**132 890**
其中：即期	56 426
远期	1 931
外汇和货币掉期	89 824
期权	4 520

注：数据均为单边交易额，采用四舍五入原则。
数据来源：国家外汇管理局、中国外汇交易中心。

五

国际收支形势展望

2019 年下半年，外部环境中的不确定性因素依然较多，但我国经济内部基础稳固，国际收支自主调节能力增强，有条件继续保持基本平衡。

预计全年经常账户仍将处于合理区间，有可能延续小幅顺差格局。从主要项目看，**一是**货物贸易将维持一定规模顺差，出口和进口变动都将趋稳。近期 IMF 预计的 2019 年全球经济增速较 2018 年放缓 0.4 个百分点，外需回落将影响我国出口增速。同时，IMF 编制的商品价格指数（含燃料与非燃料）显示，2019 年数值预计较 2018 年下降 7%，2018 年为上升 13%，进口价格稳定以及国内经济转向高质量发展将使得进口增速趋稳。**二是**服务贸易逆差将继续回稳。上半年旅行项目逆差收窄，说明在消费升级到一定程度后，跨境旅游、留学等需求可能会从高位回稳，这与其他国家的历史经验相符。**三是**投资收益状况将总体改善。近年来我国对外投资结构进一步优化，直接投资形式的对外投资占比增多，有助于增加境外投资收益。

境外资本投资我国的意愿依然较强。首先，国际市场对我国经济的预期总体依然向好。第三季度以来在国际市场交易的中国国债信用违约掉期价格（CDS）为 40 左右，2018 年底是 60 以上，在 2016 年初时曾接近 150，当前价格较低说明市场认为违约风险较小，总体上更加看好中国经济。其次，国内营商环境进一步改善，有利于稳定直接投资等中长期资本流入。2019 年以来，我国出台《外商投资法》，修订外商投资准入负面清单等，持续推进跨境投资的自由化和便利化。再次，国内市场开放度进一步提高，将继续促进证券投资流入。当前国内债券、股票市场规模位于世界前列，但境外投资者持有比重依然偏低，随着国内资本市场国际化程度的不断增强，相关资本将总体保持净流入态势。

跨境资本流动平稳运行具备市场基础。未来一段时期，国际环境依然复杂多变，存在全球经济增长放缓、贸易保护主义升温、国际政治格局不稳、金融市场潜在风险加大等问题。但对比历史经验，当前我国跨境资本流动平稳运行的市场基础更加稳固。一方面，外债结构优化，去杠杆压力降低。当前我国中长期外债占比与 2014 年末相比有所提升，近年来债务证券增长较快，体现了境外投资者多元化配置资产的需要，稳定性相对较高。另一方面，我国企业、个人等市场主体对外投资和持有外汇资产更加理性。说明近年来人民币汇率双向浮动对市场理性预期的培育作用有所显现，国际收支自主调节能力进一步强化，汇率调节国际收支的“自动稳定器”作用得到提升。

专栏 4

我国国际收支结构的阶段演进

随着经济的发展，一国的国际收支结构将不断演变。在此方面有一些理论上的探讨，比如20世纪50年代，部分学者提出，国际收支会随着本国经济的发展依次经历由低级到高级的转变过程，后来被提炼和归纳为国际收支生命周期理论。该理论认为，在经济发展过程中，一国国际收支将经历年轻债务国、成熟债务国、年轻债权国和成熟债权国四阶段发展变化。在此过程中，经常账户将表现为逆差、平衡、顺差再到基本平衡的四个阶段，资本和金融账户则呈现与经常账户相反的变化。具体表现是，随着工业化水平的发展，货物贸易逐步经历逆差、逆差转顺差、顺差快速扩大、顺差回落（集中发展高端制造业，取缔或转移低端制造业所致），对外净负债则随之转为净资产，投资收益也由逆差转为顺差。

从国际经验看，随着国际收支结构的演进，国际收支状况也会越来越稳健。美国、德国、日本等传统工业国在制造业和经济发展过程中，国际收支都曾经历债务国向债权国的转变历程。韩国、中国台湾等新兴工业经济体也出现类似的演进路径。其中，美国国际收支进一步发展为经常账户逆差、资本和金融账户顺差的格局，但有其特殊性。此外，大多数发展中国家由于工业发展相对不足，多年来总体还处于债务国阶段，因此，经常账户持续大额逆差发生国际收支危机的情况也较多。

改革开放以来我国国际收支逐步从初级阶段向更成熟的阶段演变。1990年以前，我国实行改革开放初期，国内生产力有待提升，很多商品依靠进口，经常账户呈现逆差，处于年轻债务国阶段；1990—2000年，随着经济的逐步发展，经常账户开始以顺差为主，国际收支演变为成熟债务国；2001年加入世界贸易组织以来，国内制造业能力明显提升，经常账户顺差快速扩大，对外净资产随之积累；2010年以来，我国国民收入和消费能力有所提升，制造业逐步向中高端转型升级，经常账户收支更趋平衡，对外净资产保持基本稳定（见图C4-1），国际收支结构向更成熟的阶段演进。

图 C4-1　我国经常账户及对外净资产、投资收益变化情况

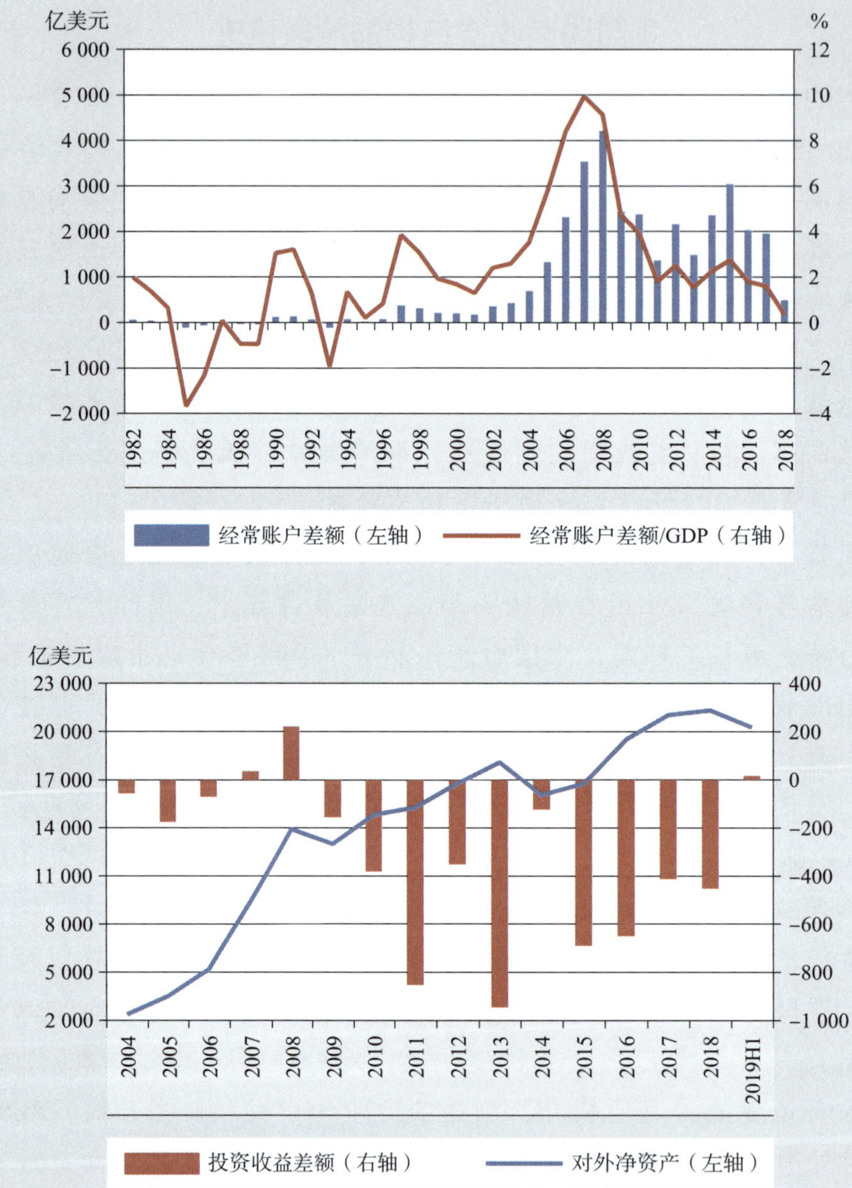

数据来源：国家外汇管理局、国家统计局。

受经济发展阶段和对外资产负债结构双重因素影响，我国投资收益持续逆差，但近年来的收支状况有所改善。从对外资产看，虽然以流动性较强的储备资产为主，但 2005—2018 年我国对外投资年均收益率为 3.3%，与日本基本持平，高于英国 (2.1%)、德国 (3.0%)，略低于美国 (3.7%)，而其他主要新兴经济体对外资产收益率基本低于 3%。从对外负债看，2005—2018 年我国对外负债年均回报率为 6.0%，明显

高于美国的2.4%、日本的1.5%，韩国和南非分别为2.6%和3.9%，其他新兴经济体大多低于3%。在对外负债回报率相对较高的情况下，21世纪以来大部分年份我国投资收益为逆差，但近年来逆差规模均未超过2013年的历史高位，2019年上半年为小幅顺差（见图C4-1）。

总体看，未来我国国际收支结构将更加成熟稳健。一方面，经常账户将保持基本平衡。在制造业基础完善和转型升级的背景下，货物贸易顺差将维持在合理水平；随着对外资产负债结构的优化，投资收益状况将总体改善。另一方面，我国对外开放新格局逐步形成，跨境资本将保持双向流动、基本平衡，国际收支逐渐迈向更加成熟的阶段。

2019年下半年，外汇管理部门将以习近平新时代中国特色社会主义思想为指引，坚持稳中求进的工作总基调，把外汇管理工作放到整个国民经济循环中去统筹谋划、协调推进，进一步提升服务国家全面开放新格局的能力，推动外汇重点领域改革开放，服务实体经济发展；坚持底线思维，防范跨境资本流动风险，维护国家经济金融安全。

一方面，保持外汇管理政策的连续性、稳定性，进一步促进贸易投资自由化便利化，服务国家全面开放新格局。保障企业和个人等市场主体正常的用汇需求，继续为企业进出口、利润分配、跨境双向投资等生产经营活动提供支持，继续满足个人在出国旅游、留学等方面的实际需要。同时，扩大贸易收支便利化试点地区，支持审慎合规银行为信用优良企业提供更加便利的服务。统筹规划，加强顶层设计，支持区域开放创新和特殊区域建设。持续深化“放管服”改革，优化外汇局行政许可网上办理系统。稳妥有序推进资本项目开放，落实直接投资领域准入前国民待遇加负面清单管理，完善合格境外机构投资者制度（QFII/RQFII），深化跨国公司资金集中运营管理。建立健全开放的、有竞争力的外汇市场，增加外汇市场深度，扩大交易主体，丰富交易工具，拓展交易范围，推动市场开放，满足不同主体的避险需求。完善外汇储备经营管理，保障安全、流动和保值增值。推动外汇储备多元化运用高质量发展。

另一方面，维护外汇市场稳定，防范跨境资本流动风险，维护国家经济金融安全。健全跨境资本流动“宏观审慎＋微观监管”两位一体的管理框架，加强外汇市场监测预警，研究丰富宏观审慎管理工具箱，进一步增强外部冲击风险防控能力。继续严厉打击外汇市场违法违规行为，重点打击地下钱庄、虚假欺骗性交易等恶性违法违规行为，维护健康、稳定、良性的外汇市场秩序。不断夯实外汇管理工作基础，完善国际收支统计制度，强化非现场监管能力，建立健全数字化信息化监管平台。

I

Overview of the Balance of Payments

(I) The Balance of Payments Environment

In the first half of 2019, the global economy experienced weak growth momentum and downside risks, and the monetary policies of the major advanced economies and of some emerging market economies were eased. In the face of the complicated international environment, China's economy continued to maintain within a reasonable range and economic development remained generally stable and steady.

The momentum for global economic growth was weak. In the first half of 2019, global economic growth slowed down, and trade protectionism and policy uncertainties became significant risks. The outlook for the global economy was not optimistic. In July, the International Monetary Fund predicted that the global economy would grow by 3.2 percent in 2019, 0.1 percentage points lower than that the forecast in April. The U.S. economy was relatively stable, but there were signs of slowing down. In the first quarter, economic growth rebounded, and in the second quarter, the labor market continued to perform well. Economic performance in the euro area improved but the downside risks remained. Economic growth in the first quarter of 2019 was notably higher than that in the third and fourth quarters of 2018, but in the second quarter of 2019 the growth rate was slower than that in the first quarter, the Consumer Confidence Index was low and the Manufacturing Purchasing Manager Index (PMI) was below the low prosperity level for the fifth consecutive month. Japan's economic volatility increased, with economic growth of 0.8 percent in 2018, 2.1 percent in the first quarter of 2019 and 1.3 percent in the second quarter of 2019. The Consumer Price Index has remained low since 2018. The UK was still being dragged by the uncertainties brought by the "Brexit" with sustained slow economic growth and moderate inflation. Growth in the emerging market economies was relatively weak (see Chart 1-1), inflation was generally in low, and some countries faced problems such as financial market turbulence and a high unemployment rate.

Chart 1-1 The Growth Rate in the Global Main Economies

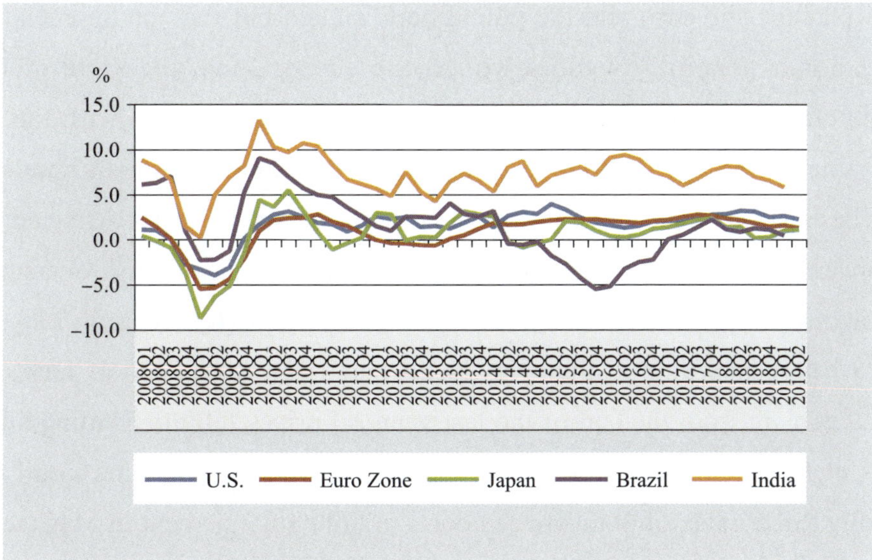

Note: The U.S. growth rate is the annualized quarterly growth, whereas the rates of the other economies are the quarterly growth rates year on year.
Source: Huanya Economic Database.

Global monetary policies were generally eased. Since 2019, the monetary policies of the major developed economies changed direction, and some advanced economies began to cut their interest rates. On July 31, the Federal Reserve announced that it would cut the target range of the federal funds rate by 25 basis points to 2.0 percent–2.25 percent, the first rate-cut since December 2008, and it would stop shrinking the balance sheet in August, two months ahead of previous expectations. On September 19, the Federal Reserve further cut the target range of the federal funds rate by 25 basis points to 1.75 percent–2 percent. On September 12, the European Central Bank announced it would cut the overnight deposit rate in the euro zone to –0.5 percent, which is the first time that the euro zone cut its key interest rate since March 2016. The Bank of Japan decided to continue its eased monetary policy and plans to continue its current extremely low interest-rate level at least to the spring of 2020. The Bank of England decided to keep the benchmark interest rate at 0.75 percent and to keep the scale of asset purchases unchanged. Some emerging market economies chose to cut interest rates in order to promote economic growth or to achieve inflation targets, with the central banks of India, Russia, Korea, South Africa, and Brazil all cutting their interest rates.

Fluctuations in international financial markets increased. In the first half of 2019, expectations about international financial markets improved, but then market volatility increased and trade protectionism further intensified the volatility. In the first half of 2019, the US Dollar Index fell 0.04 percent, the euro and the pound depreciated, but the yen appreciated. The yield of government bonds generally went down. At the end of June, the yield of U.S. 10-year Treasury Bonds closed at 2.0 percent, down 69 basis points compared with the end of 2018. The yield of French, German, British, and Japanese 10-year government bonds dropped 71, 57, 44, and 16 basis points, respectively, compared with the end of 2018. Affected by the rise in trade protectionism and the outbreak of geopolitical conflicts, market-risk aversions increased. The Market Volatility Index (VIX), which reflects panic, rose 42.6 percent in May, and it rose a maximum of 28.1 percent within a single day (see Chart 1-2). At the end of June, spot prices of gold rose by 9.9 percent from the end of the last year, oil prices fell after hitting a peak in April, and spot prices of Brent crude oil fell by 10.7 percent in May. The decline in oil prices led the GSCI Commodity Price Index of Standard & Poor's to fall by 8.7 percent in May (see Chart 1-3).

Chart 1-2 Interest Rates and Currency Volatility in International Financial Markets

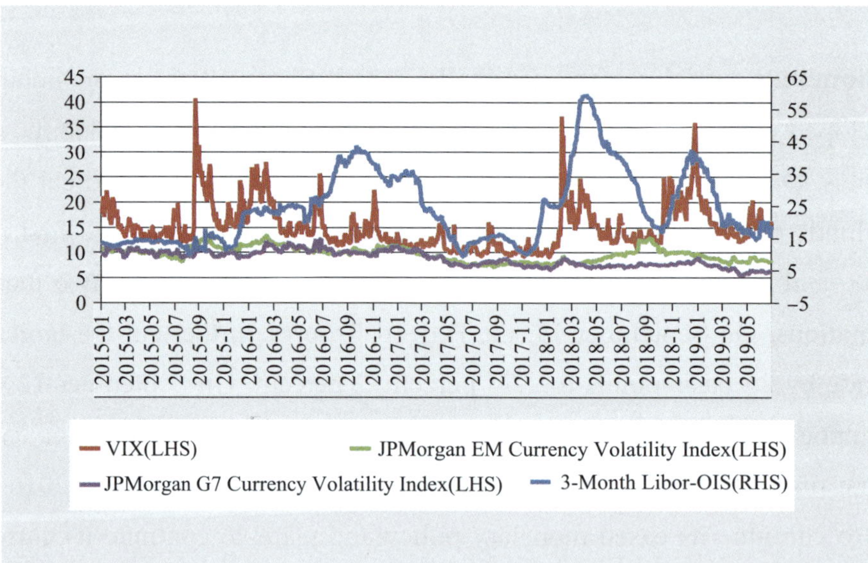

Source: Bloomberg.

Chart 1-3 The Market Prices of Global Stocks, Bonds, and Commodities

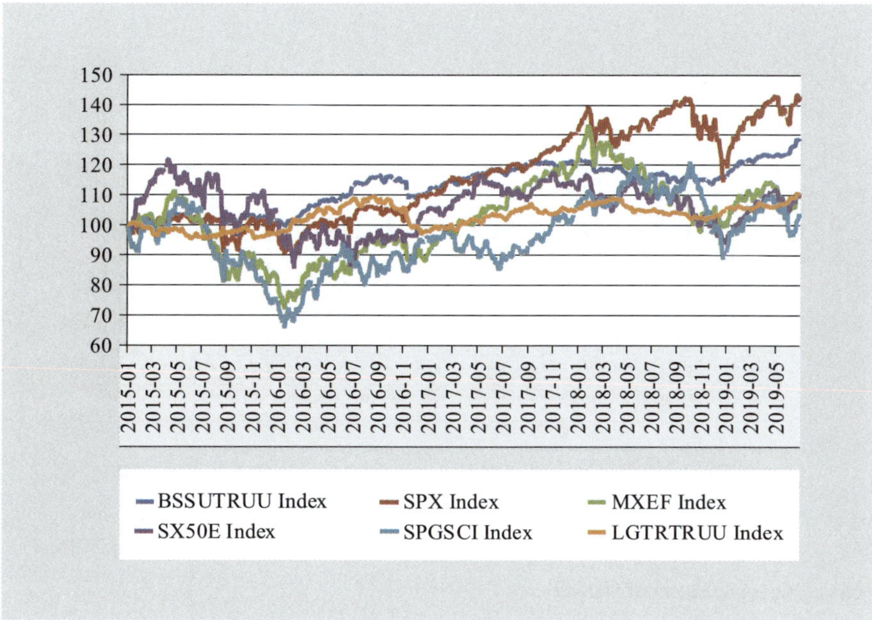

Note: *BSSUTRUU* Index is Bloomberg Barclays Emerging Market Index; *LGTRTRUU* Index is the developed country sovereign bond index; *MXEF* Index is the MSCI Emerging Market Index; *SPX* Index is the US Standard & Poor's 500 Index;*SX50E* is the Euro Stoxx 50 Index; *SPGSCI* Index is the Standard & Poor's GSCI Commodity Price Index, all of which were 100 at the beginning of 2015.
Source: Bloomberg.

The domestic economy remained stable. In the first half of 2019, China's economic operations continued their trend of overall steady development, the main macroeconomic indicators remained within a reasonable range, and the supply side structural reforms continued to proceed. According to preliminary accounting, in the first half of 2019 the gross domestic product (GDP) was RMB 45.1 trillion, with year-on-year growth of 6.3 percent based on comparable prices; the Consumer Price Index (CPI) rose 2.2 percent year on year (see Chart 1-4). Growth of consumption and investment was stable, the trade surplus expanded, industrial production was basically stable, the added value of tertiary industry accounted for 54.9 percent of GDP, and the employment situation was generally stable. However, there were still some deep-rooted problems and prominent contradictions in economic operations. External instabilities and uncertainties have increased, and the momentum for endogenous economic growth must be further enhanced.

Chart 1–4　The Growth Rate of China's Quarterly GDP and Monthly CPI

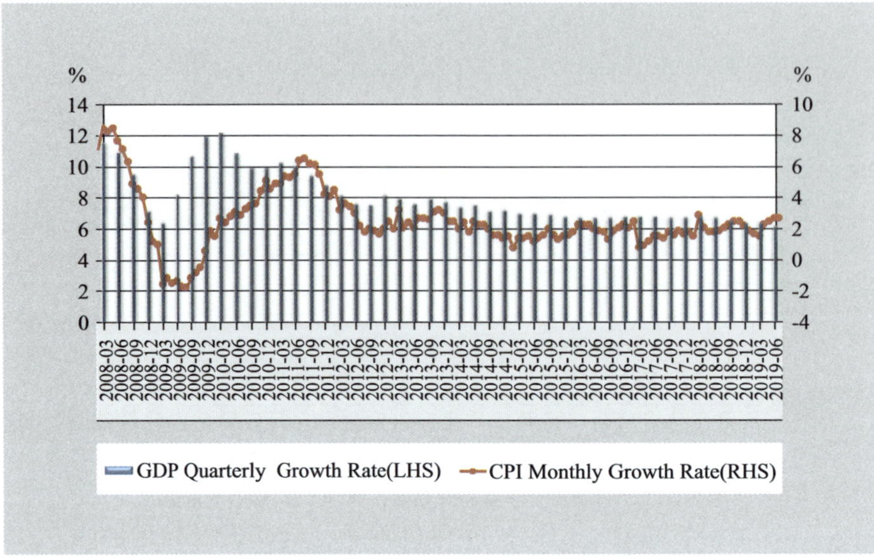

Source: National Bureau of Statistics.

(II) The Main Characteristics of the Balance of Payments

Both the current account and the non-reserve financial account posted a small surplus. In the first half of the year, the current account recorded a surplus of USD 88.2 billion, and the non–reserve financial account posted a surplus of USD 45.4 billion (see Table 1–1).

Table 1–1　Structure of the China's BOP Surplus

Unit: USD 100 Million

Item	2013	2014	2015	2016	2017	2018	2019H1
Current account balance	1 482	2 360	3 042	2 022	1 951	491	882
As a % of GDP	1.5%	2.3%	2.7%	1.8%	1.6%	0.4%	1.3%
Financial account excluding reserve assets	3 430	–514	–4 345	–4 161	1 095	1 306	454
As a % of GDP	3.6%	–0.5%	–3.9%	–3.7%	0.9%	1.0%	0.7%

Sources: SAFE, NBS.

The surplus in trade in goods increased. Based on the balance-of-payments statistics,[①]in the first half of the year, exports and imports of trade in goods totaled USD 1 150 billion and USD 941.6 billion, respectively, up 1 percent and down 4 percent, and achieving a surplus of USD 208.4 billion, up 34 percent (see Chart 1–5).

The deficit in trade in services narrowed. In the first half of the year, revenue from trade in services totaled USD 118.6 billion, up 3 percent, and expenditures totaled USD 247.9 billion, down 6 percent. Trade in services recorded a deficit of USD 129.3 billion, down 12 percent (see Chart 1–5). In particular, the transportation deficit totaled USD 27.5 billion, down 14 percent, and the travel deficit totaled USD 110.4 billion, down 8 percent.

Chart 1–5 China's Major Items under the Current Account

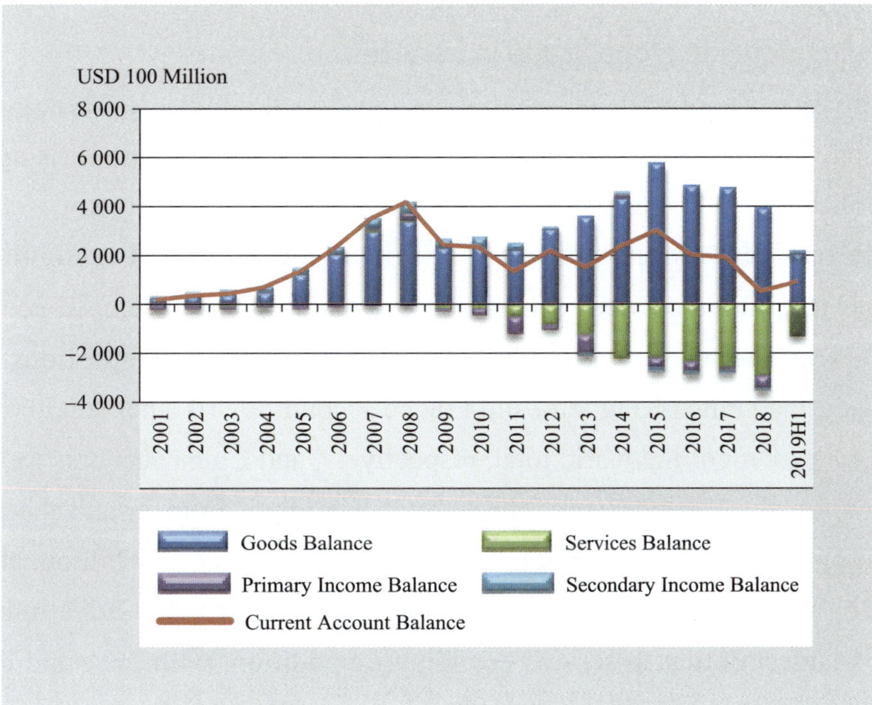

Source: SAFE.

① The BOP statistics and the statistics of the General Administration of Customs with respect to trade in goods can be reconciled by the following: First, imports based on the BOP statistics only record goods with ownership transferred (such as general trade and feeding process trade). Goods that don't change ownership (including trade of processing with customers' or domestic materials) will be noted in trade in services. Second, the BOP statistics use offshore prices for both exports and imports, while the custom uses offshore prices for exports but onshore prices for imports. Therefore, BOP statistics extracts fees of transports and insurances from the custom's imports and relocates them under trade in services. Third, BOP adds part of exports and imports shipment returns. Fourth, BOP also adds net exports of goods from regrating missed by the custom.

Box 1

The Development of China's Trade in Services from an International Perspective

In recent years, China's trade in services has developed rapidly. For five consecutive years including 2018, China's total exports and imports of trade in services was the second largest in the world, ranking after only the United States. However, since 2009 the deficit has remained even though it has stabilized in recent years. From an international perspective, given its systemic, cultural, and processing manufacturing potential, China has great potential to develop its international competitiveness in trade in services. China should vigorously cultivate new competitive advantages, improve the level of development of knowledge–and–technology–intensive services, and promote the balanced development of trade in services.

(I) Developments in global trade in services

In recent years, global trade in services has developed rapidly. In 2018, global exports and imports of cross–border trade in services totaled USD 11.4 trillion, rising from one–seventh of global trade in the early 1980s to one–fifth of global trade today.

Trade in services is mainly concentrated in a few developed economies. In 2018, among the top 10 trade in services economies, the majority are developed economies (see Table C1–1), with the one exception being China. In terms of proportions, the United States, Germany, the United Kingdom, and France account for 10.2 percent, 6.6 percent, 4.2 percent, and 4.8 percent of the world total, respectively, and China accounts for 9.4 percent. As to the balance, the United States, the United Kingdom, France, and the Netherlands recorded a surplus of USD 259.6 billion, USD 143 billion, USD 27.9 billion, and USD10.2 billion, respectively, in 2018, and China recorded a deficit of USD 292.2 billion, making it the world's largest deficit in service economy. In addition, with the rapid development of globalization in recent years, some developing countries have revealed a strong development momentum in their trade in services. For example, India's share in global trade in services rose from 1 percent at the beginning of this century to 3 percent today, and it has maintained a surplus, with average annual growth of 4.8 percent from 2008 to 2018 and a surplus of USD 80.8 billion in 2018.

Table C1−1 Top Ten Countries in Terms of Volume of Trade in Services in 2018

Unit: USD 100 Million

Country	Trade in Services Exports	Trade in Services Imports	Total Trade in Services	Balance of Trade in Services
US	827.0	567.3	1394.3	259.6
China	233.6	525.8	759.4	−292.2
Germany	342.8	365.7	708.5	−22.9
UK	377.9	235.0	612.9	143.0
France	294.2	266.3	560.5	27.9
Ireland	212.2	218.6	430.8	−6.4
Japan	193.7	200.9	394.6	−7.2
Netherlands	196.5	186.3	382.8	10.2
Singapore	182.5	184.2	366.7	−1.6
India	205.0	124.2	329.1	80.8
Global Total	**5868.1**	**5538.1**	**11406.2**	**330.1**

Note: Sorted by total exports and imports of trade in services. Due to discrepancies in the country data, the total balance of global trade in services is not zero.

Source: World Bank.

In terms of the development of trade in services, the United States and Japan provide some reference significance. As the world largest and third largest economies, the United States and Japan are mature in terms of international trade in services. The coordinated development of human−resource−intensive and knowledge−and−technology−intensive industries has played an important role in the economic performance of these two economies. Among them, the United States has more a concentrated advantage in travel, the use of intellectual property, finance, and other knowledge−and−technology−intensive industries, while Japan has a greater advantage in the use of intellectual property, other business services, travel, transportation, and other areas(see Chart C1−1). In the case of the use of intellectual property, for example, according to World Bank statistics, global revenue from the use of intellectual property totaled USD 377.4 billion in 2018. The United States was the largest exporter, accounting for 34 percent of global exports, while Japan accounted for 12 percent and China accounted for only 1 percent of global exports. In recent years, the average annual surplus in the use of intellectual property in the United States and Japan was approximately USD 70 billion and USD 20 billion, respectively, whereas China recorded a deficit of more than USD 30 billion.

Chart C1-1 Exports of Trade in Services by Industry in 2018: The United States and Japan

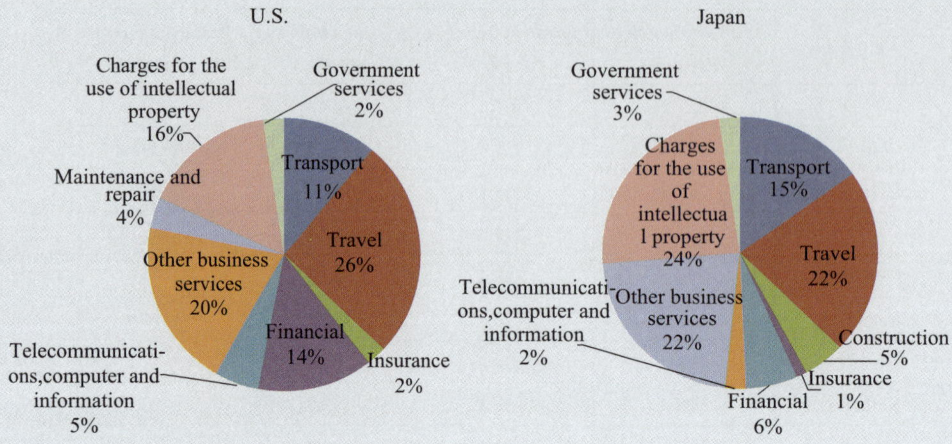

Source: International Monetary Fund.

(Ⅱ) China's trade in services has a large potential for development

Exports of China's trade in services still have a great potential. In 2018, China's exports and imports of trade in services totaled USD 759.4 billion, the second largest in the world. However, a deficit of USD 292.2 billion indicated that a structural imbalance is a prominent problem. China's imports of trade in services accounted for 9.5 percent of the world's imports, ranking the second largest in the world, and only 0.7 percentage points lower than that of the United States, while its proportion of exports to total global exports was 4.0 percent, 10.1 percentage points lower than that of the United States, indicating that China still has a potential to improve its competitiveness in exports in services. Currently, China's trade in services in human-resources-intensive fields shows an advantage of scale, becoming an important driver to improve its services trade balance. Since 2000, China has experienced a surplus in human-resources-intensive fields, such as construction services, outsourced services, consultation services, and so forth, and it has accelerated its growth trend, with an average annual surplus growth rate of 12.1 percent from 2008 to 2018, and a surplus of USD 30.6 billion in 2018.China has accelerated its accumulation of new patterns of production. In the future, the advantaged of human resources will gradually expand to other modern service industries. The deficit in related trade in services areas is expected to gradually narrow.

There is still room for improvement in the export and import structure of China's trade in services. First, the systemic, cultural, and processing manufacturing advantages should be gradually transformed into competitive service industries. For example, China's inbound travel is developing behind its outbound travel. The deficit in travel in 2018 was USD 237 billion, an increase of 8.1 percent year on year. It was the largest deficit item in China's trade in services. Second, the development and utilization of labor, capital, technology and other factors of production in the services trade can be further optimized. The high-level manufacturing industries in the United States and Japan have developed a support system for international service industries. To promote the enterprises' participation and cooperation in international service competition, China should rely on trade in goods when developing trade in services. For example, from 2008 to 2018, China's trade in goods recorded an average annual surplus of USD 371.7 billion, while trade in transportation services and insurance services related to trade in goods recorded an average annual deficit of USD 56.2 billion during the same period. Third, there are extensive prospects for the development of knowledge-and-technology-intensive services. China's technology trade was mainly based on the introduction of technology from abroad, generally creating a large deficit in the use of patent royalties and licensing fees. In the future, with further breakthroughs in China's independent and high-end information technology, the country will further enhance its "soft power."

To sum up, China's trade in services started late and developed rapidly. It is necessary to further deepen the reforms and expand the opening-up, to combine with the "Belt and Road" initiative to actively promote financial-service enterprises to "go global" and to build a "China Service" brand. At the same time, China should vigorously improve the development level of its knowledge-and-technology-intensive industries, optimize the structure of its service industries, and promote the transformation and upgrading of international services to achieve a more balanced trade in services.

Primary income[①] **changed from a deficit to a surplus.** In the first half of the year, revenue from primary income totaled USD 128.9 billion, up 12 percent, and expenditures totaled USD 125.2 billion, down 14 percent. Primary income thus recorded a surplus of USD 3.7 billion, compared with a deficit of USD 30.3 billion in the last year (see Chart 1-5). In particular, the surplus in employee compensation was USD 1.6 billion. Investment income recorded a surplus of USD 1.5 billion. Revenue from outward investments totaled USD 120.8 billion, and expenditures

① The IMF's *Balance of Payments and International Investment Manual* (sixth edition) renamed the income item under the current account as primary income and renamed current transfers as secondary income.

for inward investments, including the profits and dividends of foreign–funded enterprises, totaled USD 119.3 billion.

Secondary income posted a small surplus. In the first half of the year, the revenue and expenditures of secondary income totaled USD 12.9 billion and USD 7.5 billion, respectively, down 10 percent and 64 percent. Secondary income thus reached a surplus of USD 5.4 billion, compared with a deficit of USD 6.5 billion in the previous year (see Chart 1–5).

Direct investments retained a surplus. Based on balance–of–payments statistics,[①] in the first half of the year direct investments posted a surplus of USD 35.2 billion (see Chart 1–6). In particular, net outflows of outward direct investments (the net increase in direct–investment assets) amounted to USD 46.7 billion. Net inflows of foreign direct investments (the net increase in direct–investment liabilities) totaled USD 81.9 billion.

Chart 1–6 China's Major Items Under the Capital and Financial Account

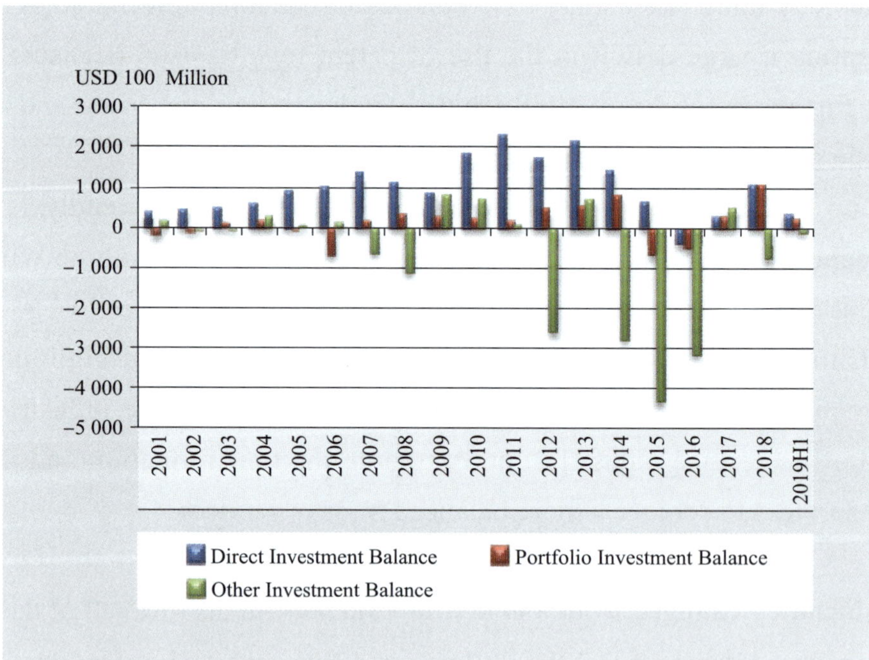

Source: SAFE.

① The BOP compiles and reports direct investments following balance–sheet rules, whereas the Ministry of Commerce compiles and reports direct investments by direction, with differences between the principles for reverse investments and investments among affiliates. In addition, direct investments based on BOP statistics also include unpaid and unremitted profits, retained earnings, shareholders' loans, foreign capital utilized by financial institutions, and real–estate purchases by non–residents.

Portfolio investments recorded a surplus. In the first half of the year, portfolio investments amounted to a surplus of USD 23 billion (see Chart 1–6).It was the eighth straight quarter of a surplus since the second half of 2017. In particular, net outflows of outward portfolio investments (the net increase in assets) totaled USD 39 billion and the net inflows of inward portfolio investments (the net increase in liabilities) totaled USD 62.1 billion.

The deficit in other investments narrowed. In the first half of the year, other investments, including loans, trade credits, and deposits, posted a deficit of USD 12.8 billion, down 37 percent (see Chart 1–6). In particular, net inflows of outward other investments (the net decrease in assets) totaled USD 10.5 billion, and net outflows of inward other investments (the net decrease in liabilities) totaled USD 23.3 billion.

Reserve assets remained stable and increased slightly. In the first half of 2019, reserve assets involving transactions (excluding the effects of non–transactional values, such as exchange rates and prices) increased by USD 2.4 billion. In particular, foreign–currency reserves involving transactions increased by USD 2.5 billion (see Chart 1–7). By the end of June 2019, China's foreign–currency reserves totaled USD 3119.2 billion, up USD 46.5 billion since the end of 2018.

Chart 1–7 China's Foreign–Currency Reserve Assets Involving Transactions

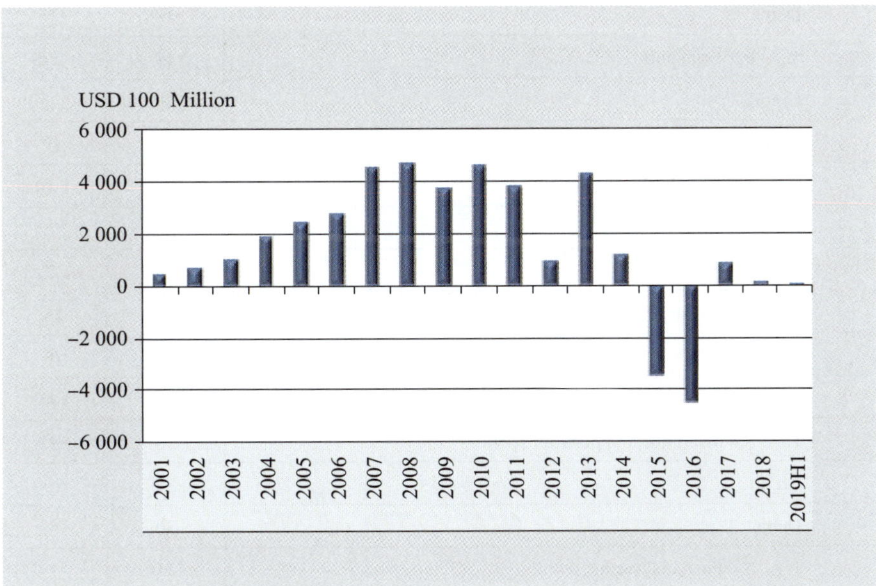

Source: SAFE.

Table 1-2 China's Balance of Payments in the First Half of 2019

Unit: USD 100 million

Item	Line No.	2019H1
1. Current account	1	**882**
Credit	2	14 104
Debit	3	−13 222
1. A Goods and services	4	**791**
Credit	5	12 686
Debit	6	−11 895
1. A. a Goods	7	**2 084**
Credit	8	11 500
Debit	9	−9 416
1. A. b Services	10	**−1 293**
Credit	11	1 186
Debit	12	−2 479
1. A. b.1 Manufacturing services on physical inputs owned by others	13	**78**
Credit	14	79
Debit	15	−1
1. A. b.2 Maintenance and repair services n. i. e	16	**44**
Credit	17	60
Debit	18	−16
1. A. b.3 Transport	19	**−275**
Credit	20	221
Debit	21	−497
1. A. b.4 Travel	22	**−1 104**
Credit	23	172
Debit	24	−1 275
1. A. b.5 Construction	25	**25**
Credit	26	70
Debit	27	−45
1. A. b.6 Insurance and pension services	28	**−33**
Credit	29	20
Debit	30	−53
1. A. b.7 Financial services	31	**7**
Credit	32	19
Debit	33	−12
1. A. b.8 Charges for the use of intellectual property	34	**−141**
Credit	35	34

(Continue)

Item	Line No.	2019H1
Debit	36	−176
1. A. b.9 Telecommunications, computer, and information services	37	**31**
Credit	38	161
Debit	39	−130
1. A. b.10 Other business services	40	**99**
Credit	41	336
Debit	42	−237
1. A. b.11 Personal, cultural, and recreational services	43	**−14**
Credit	44	5
Debit	45	−19
1. A. b.12 Government goods and services n. i. e	46	**−9**
Credit	47	8
Debit	48	−18
1. B Primary income	49	**37**
Credit	50	1 289
Debit	51	−1 252
1. B.1 Compensation of employees	52	**16**
Credit	53	72
Debit	54	−56
1. B.2 Investment income	55	**15**
Credit	56	1 208
Debit	57	−1 193
1. B.3 Other primary income	58	**7**
Credit	59	9
Debit	60	−3
1. C Secondary income	61	**54**
Credit	62	129
Debit	63	−75
1. C.1 Personal transfers	64	−2
Credit	65	20
Debit	66	−22
1. C.2 Other secondary income	67	56
Credit	68	109
Debit	69	−53
2. Capital and financial account	70	**430**

(Continue)

Item	Line No.	2019H1
2.1 Capital account	71	**−1**
Credit	72	1
Debit	73	−2
2.2 Financial account	74	**430**
Assets	75	−759
Liabilities	76	1 190
2.2.1 Financial account excluding reserve assets	77	**454**
Financial assets excluding reserve assets	78	−735
Liabilities	79	1 190
2.2.1.1 Direct investment	80	**352**
2.2.1.1.1 Assets	81	**−467**
2.2.1.1.1.1 Equity and investment fund shares	82	−465
2.2.1.1.1.2 Debt instruments	83	−2
2.2.1.1.1. a Financial sector	84	−82
2.2.1.1.1.1. a Equity and investment fund shares	85	−96
2.2.1.1.1.2. a Debt instruments	86	13
2.2.1.1.1. b Non−financial sector	87	−385
2.2.1.1.1.1. b Equity and investment fund shares	88	−369
2.2.1.1.1.2. b Debt instruments	89	−16
2.2.1.1.2 Liabilities	90	**819**
2.2.1.1.2.1 Equity and investment fund shares	91	700
2.2.1.1.2.2 Debt instruments	92	119
2.2.1.1.2. a Financial sector	93	87
2.2.1.1.2.1. a Equity and investment fund shares	94	80
2.2.1.1.2.2. a Debt instruments	95	7
2.2.1.1.2. b Non-financial sector	96	731
2.2.1.1.2.1. b Equity and investment fund shares	97	620
2.2.1.1.2.2. b Debt instruments	98	112
2.2.1.2 Portfolio investment	99	**230**
2.2.1.2.1 Assets	100	**−390**
2.2.1.2.1.1 Equity and investment fund shares	101	−53
2.2.1.2.1.2 Debt securities	102	−337
2.2.1.2.2 Liabilities	103	**621**
2.2.1.2.2.1 Equity and investment fund shares	104	73
2.2.1.2.2.2 Debt securities	105	548

(Continue)

Item	Line No.	2019H1
2.2.1.3 Financial derivatives (other than reserves) and employee stock options	106	**1**
2.2.1.3.1 Assets	107	17
2.2.1.3.2 Liabilities	108	−16
2.2.1.4 Other investment	109	**−128**
2.2.1.4.1 Assets	110	**105**
2.2.1.4.1.1 Other equity	111	−15
2.2.1.4.1.2 Currency and deposits	112	−491
2.2.1.4.1.3 Loans	113	190
2.2.1.4.1.4 Insurance, pension, and standardized guarantee schemes	114	−6
2.2.1.4.1.5 Trade credit and advances	115	590
2.2.1.4.1.6 Other accounts receivable	116	−162
2.2.1.4.2 Liabilities	117	**−233**
2.2.1.4.2.1 Other equity	118	0
2.2.1.4.2.2 Currency and deposits	119	−428
2.2.1.4.2.3 Loans	120	619
2.2.1.4.2.4 Insurance, pension, and standardized guarantee schemes	121	14
2.2.1.4.2.5 Trade credit and advances	122	−468
2.2.1.4.2.6 Other accounts payable	123	30
2.2.1.4.2.7 Special drawing rights	124	0
2.2.2 Reserve assets	125	**−24**
2.2.2.1 Monetary gold	126	0
2.2.2.2 Special drawing rights	127	−1
2.2.2.3 Reserve position in the IMF	128	2
2.2.2.4 Foreign exchange reserves	129	−25
2.2.2.5 Other reserve assets	130	0
3. Net errors and omissions	131	**−1 312**

Notes:

1. This chart was compiled according to the *Balance of Payments and International Investment Manual* (sixth edition).
2. In the financial account, a positive value for assets indicates a net decrease, whereas a negative value indicates a net increase. A positive value for liabilities indicates a net increase, whereas a negative value indicates a net decrease.
3. The chart is based on rounding principles.

Source: SAFE.

(III) Evaluation of the Balance of Payments

China's balance of payments maintained a basic balance in the context of the complex and changeable external environment. First, the current account continued to be within the range of a reasonable surplus. Since the second quarter of 2018, China's current account continued to run small surpluses, and in the first half of 2019 the ratio of the surplus to GDP was 1.3 percent. Second, the non-reserve financial account maintained a surplus. Since 2017, the non-reserve financial account showed a relatively stable surplus, which continued in the first half of 2019 (see Chart 1-8). Against the background of the upgrading of trade protectionism and the rising volatility in international financial markets in 2019, China's balance of payments maintained a basic balance, and foreign-currency reserve assets remained stable, showing strong adaptability and stability .

Chart 1-8 China's Structure of the BOP

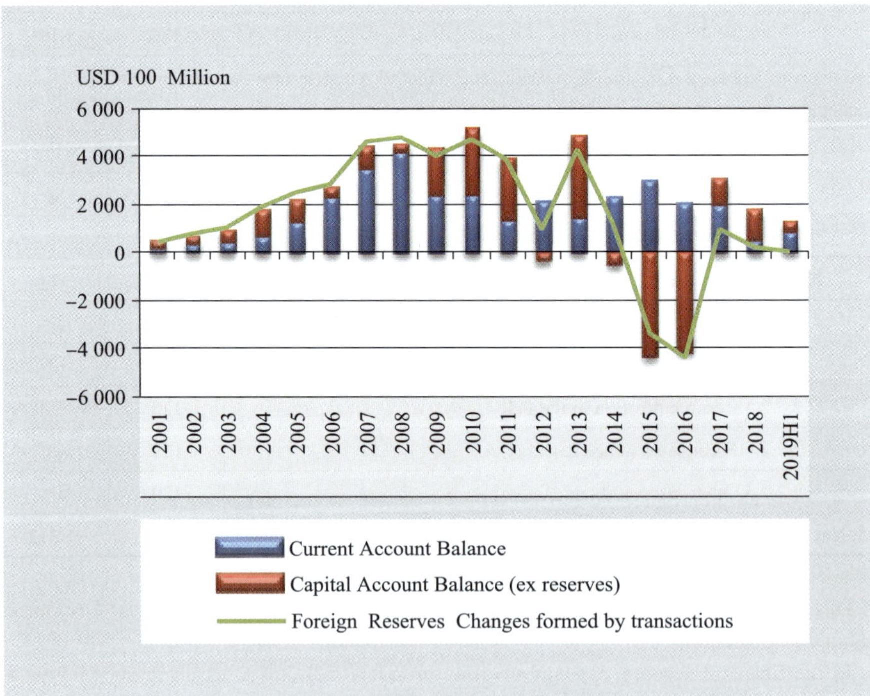

Source: SAFE.

The current account continued to be within a reasonable range. The current account recorded a surplus of USD 88.2 billion in the first half of 2019 and posted a deficit of USD 28.8

billion and a surplus of USD 77.9 billion in the first and second half of 2018, respectively. On the whole, the current account maintained a basic balance with small fluctuations. In terms of the main items, the ratio of the surplus of trade in goods to GDP was 3.1 percent, up 0.8 percent; the ratio of the deficit of trade in services to GDP was –1.9 percent, down 0.3 percent; and primary income changed from a deficit to a small surplus, mainly due to the significant improvement of investment income (see Chart 1–9).

Chart 1–9 China's Structure of the Current Account

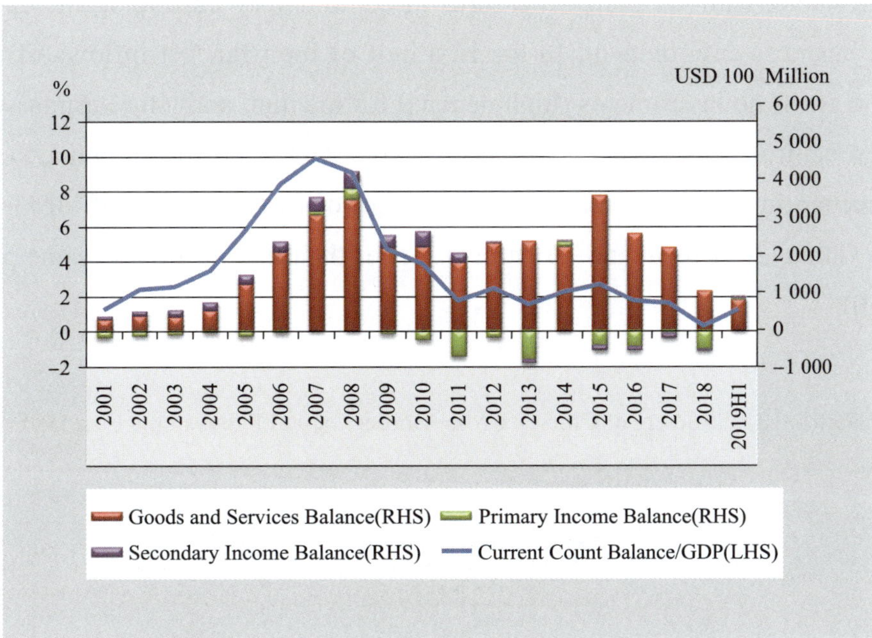

Sources: SAFE, NBS.

Cross-border capital flows remained stable and orderly, generally revealing an inflow. In the first half of the year, the surplus of the non-reserve financial account amounted to USD 45.4 billion. Among this, direct investments were still the major contributor to the surplus. In the first half of the year, based on the balance-of-payments statistics, direct investments posted a surplus of USD 35.2 billion, accounting for 77 percent of the surplus of the non-reserve financial account. Portfolio investments continued a surplus, which reflected the effect of the opening of the securities market and the international attractiveness of RMB assets. In the first half of the year, portfolio investments recorded a surplus of USD 23 billion, accounting for 51 percent of the surplus of the non-reserve financial account. In particular, the surpluses of equity investments and bond investments were USD 2 billion and USD 21 billion respectively. Other investments fluctuated slightly within the normal range, with a cumulative deficit of USD 12.8 billion in the first half of the year, down 37 percent.

Outward investments remained rational and the structure of foreign investments in China improved. On the one hand, Chinese enterprises are "going global" at a stable and orderly pace. In the first half of 2019, China's outward direct investments and outward portfolio investments were USD 46.7 billion and USD 39 billion respectively, up 2 percent and 3 percent year on year. On the other hand, the willingness of overseas investors to invest in the domestic market remains stable, with the policy measures of continuously expanding the opening-up and improving the business environment. In the first half of the year, net inflows of foreign direct investments and portfolio investments (high demand for medium and long-term asset allocations, such as foreign central bank investments, etc.) were USD 81.9 billion and USD 62.1 billion respectively, accounting for 69 percent and 52 percent of the total scale of all kinds of foreign investments to China, 26 percent and 15 percent higher than that during the same period of 2018 (see Chart 1-10).

Chart 1-10 Structure of China's Cross-Border Capital Flows in the First Half of 2019

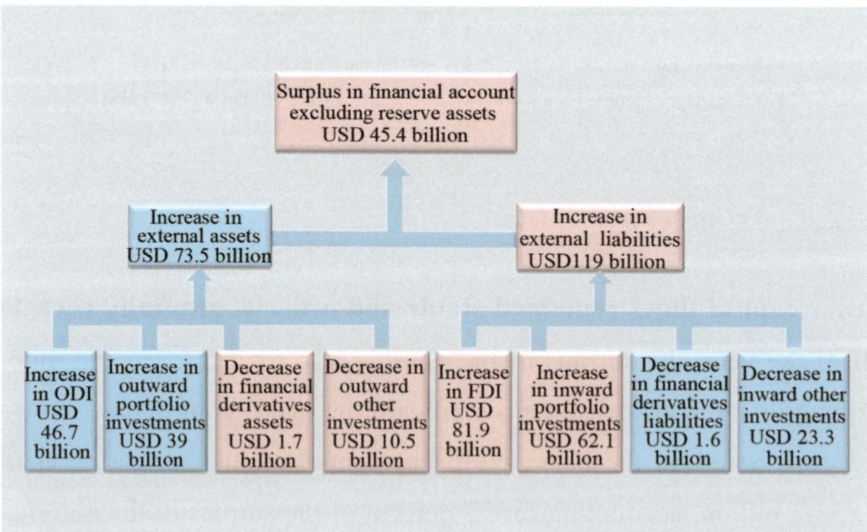

Source: SAFE.

II

Analysis of the Major Items in the Balance of Payments

(I) Trade in Goods

Exports and imports of trade in goods remained generally stable, and the degree of trade dependence decreased. Global trade tensions have risen as trade protectionism continues to escalate. In this context, China's foreign trade has maintained an overall stability. According to customs statistics, in the first half of 2019 China's total exports and imports amounted to USD 2.2 trillion, a slight decrease of 2 percent year on year. China's foreign-trade dependence (the ratio of foreign trade to GDP) was 32.5 percent, down 1.2 percentage points year on year, indicating that the optimization and adjustment of China's economic structure continued to advance steadily (see Chart 2-1).

Chart 2-1 China's Balance of Trade in Goods and Dependence on Foreign Trade

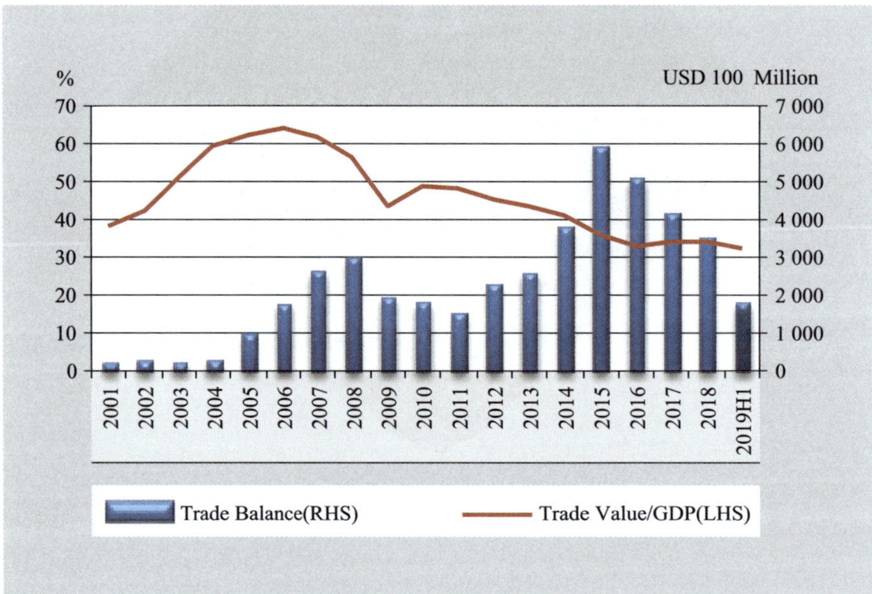

Sources: General Administration of Customs, National Bureau of Statistics.

Both the volume and the price of exports have risen, and the decline in imports has mainly been influenced by cyclical factors. According to customs statistics, in the first half of 2019 the Export Volume Index rose by 1.6 percent per month and the Export Price Index rose by 4.6 percent per month. China's imports fell by 4.3 percent year on year, of which the Import Volume Index fell 2.8 percent per month, mainly due to the low growth cycle of global electronic products. Meanwhile, the amount of imports of integrated circuit decreased by 5 percent year on year, while the growth rate in the first half of 2018 was 13 percent. The Import Price Index rose by an average of 4.4 percent per month in the first half of 2019 (see Chart 2–2).

Chart 2–2 China's Volume and Price Index of Exports and Imports of Trade in Goods

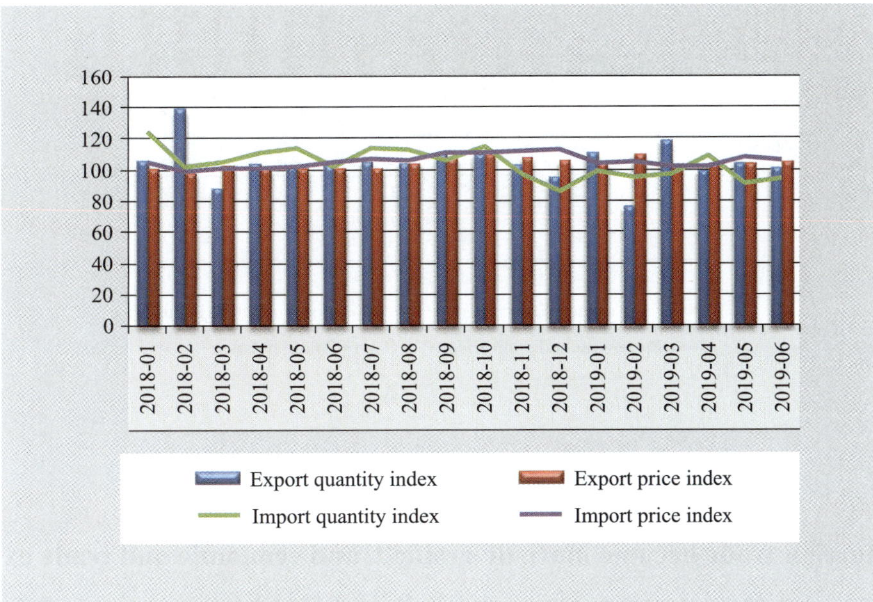

Source: General Administration of Customs.

The proportion of exports and imports of goods by private enterprises has increased, and the surplus of foreign-funded enterprises has increased rapidly. In the first half of 2019, exports and imports by private enterprises totaled USD 863.7 billion, up 5 percent year on year, accounting for 40 percent of China's total foreign trade, up 2.7 percentage points from the first half of 2018.The trade surplus of private enterprises was USD 273.6 billion, up 14 percent year on year. Exports and imports by foreign–funded enterprises totaled USD 872.9 billion, down 7 percent year on year (see Chart 2–3), accounting for 40.4 percent of total foreign trade, down 2 percentage points from the first half of 2018. The trade surplus of foreign–funded enterprises amounted to USD 52.7 billion, a year–on–year increase of 33 percent.

Chart 2-3 China's Balance of Trade in Goods in Terms of Contributors

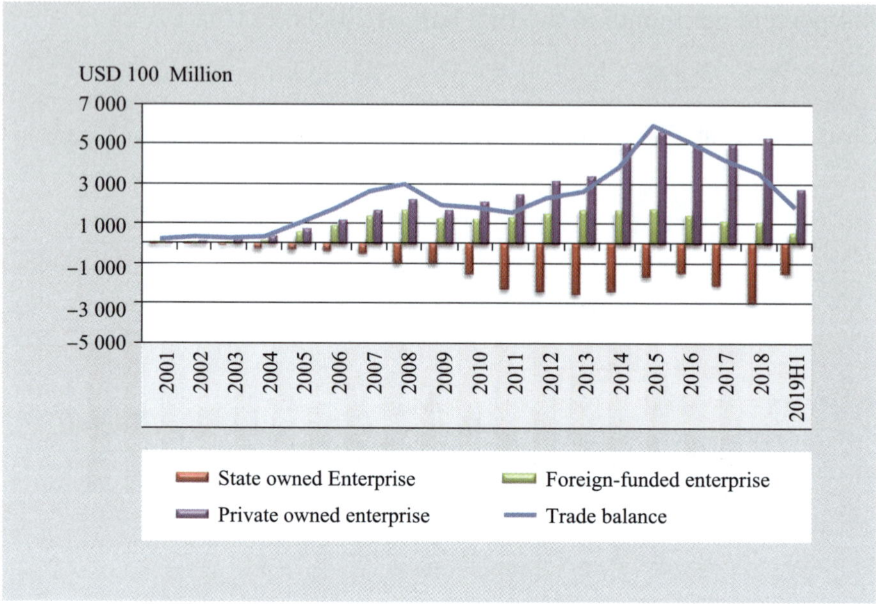

Source: General Administration of Customs.

China's foreign trade became more diversified, and economic and trade exchanges with ASEAN, Africa, and the countries along the Belt and Road have increased. In the first half of 2019, the proportion of China's exports and imports of goods to the United States and Japan decreased, and the proportion of exports and imports of goods to the European Union increased. China's exports and imports of goods to ASEAN, Latin America, and Africa accounted for 13.5 percent, 6.8 percent, and 4.7 percent of China's foreign trade, respectively, up 0.7, 0.2 and 0.2 percentage point year on year. The proportion of exports and imports of goods to countries along the "Belt and Road" was 28.9 percent, up 1.5 percentage points year on year (see Chart 2-4).

Chart 2-4 The Ratio of Exports and Imports between China and its Major Trade Partners

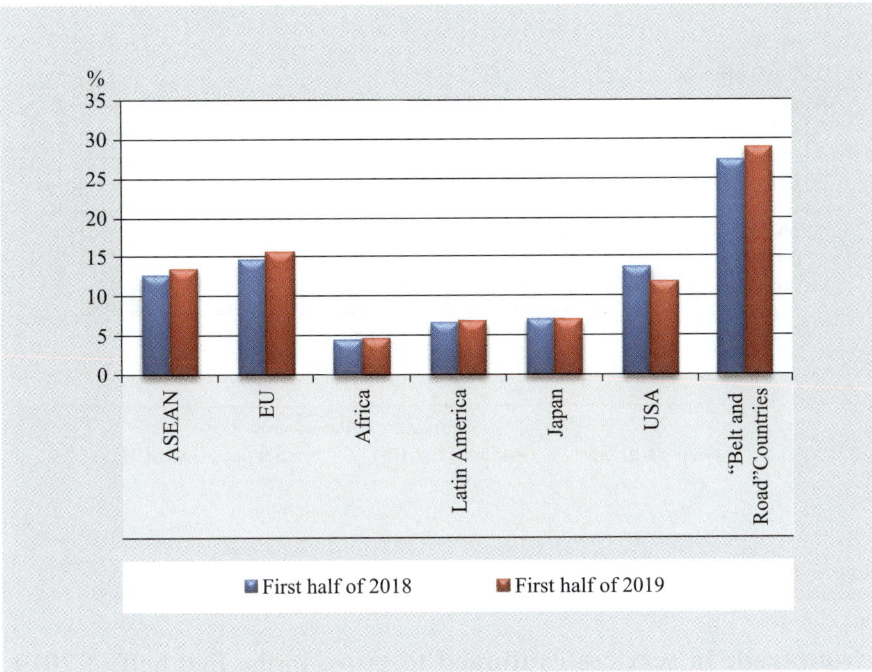

Note: The proportions in the chart are measured in RMB. The countries along the Belt and Road overlap with ASEAN and other regional countries.
Source: General Administration of Customs.

(II) Trade in Services

Trade in services has declined slightly. In the first half of 2019, China's trade in services totaled USD 366.4 billion, down 3 percent year on year, and the ratio of trade in services to trade in goods was 18 percent (see Chart 2-5). In particular, receipts of other business services amounted to USD 33.6 billion, the highest among the service items, while travel expenditures amounted to USD 127.5 billion, the highest on the debit side.

Chart 2–5 China's Comparison of the Total Volume of Trade in Goods and Services

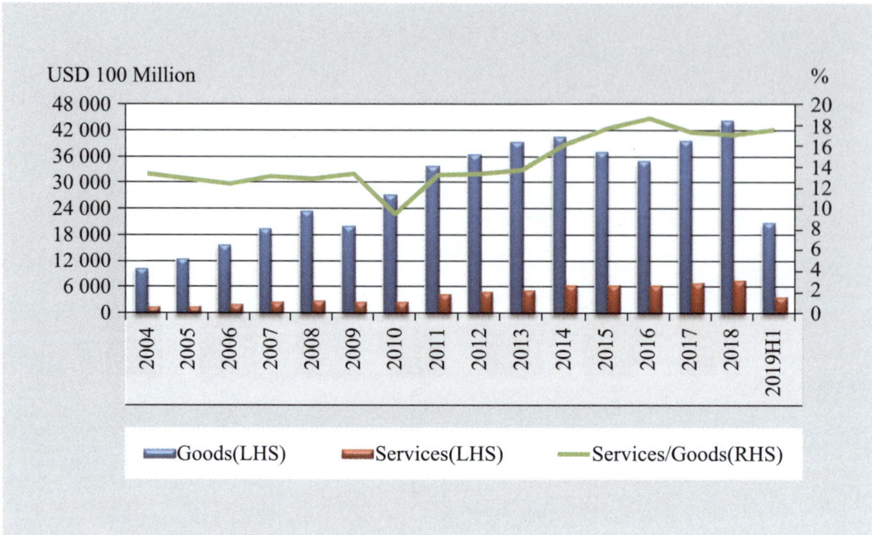

Source: State Administration of Foreign Exchange.

Revenue from trade in services continued to grow. In the first half of 2019, revenue from trade in services totaled USD 118.6 billion, up 3 percent year on year (see Chart 2–6). Among the major items, revenue from other business services, such as consultation services and technical-related services, amounted to USD 33.6 billion, accounting for 28 percent of the total revenue, a year-on-year increase of 2 percent. Revenue from transportation amounted to USD 22.1 billion, accounting for 19 percent, a year-on-year increase of 12 percent, and revenue from travel was USD 17.2 billion, accounting for 14 percent, a year-on-year decrease of 18 percent. The emerging services continue to grow and the structure of trade in services continued to be optimized. For example, revenue from telecommunications, computers, and information services reached USD 16.1 billion, a year-on-year increase of 10 percent, and revenue from the use of intellectual property amounted to USD 3.4 billion, a year-on-year increase of 25 percent.

Chart 2-6 China's Revenue and Expenditures from Trade in Services

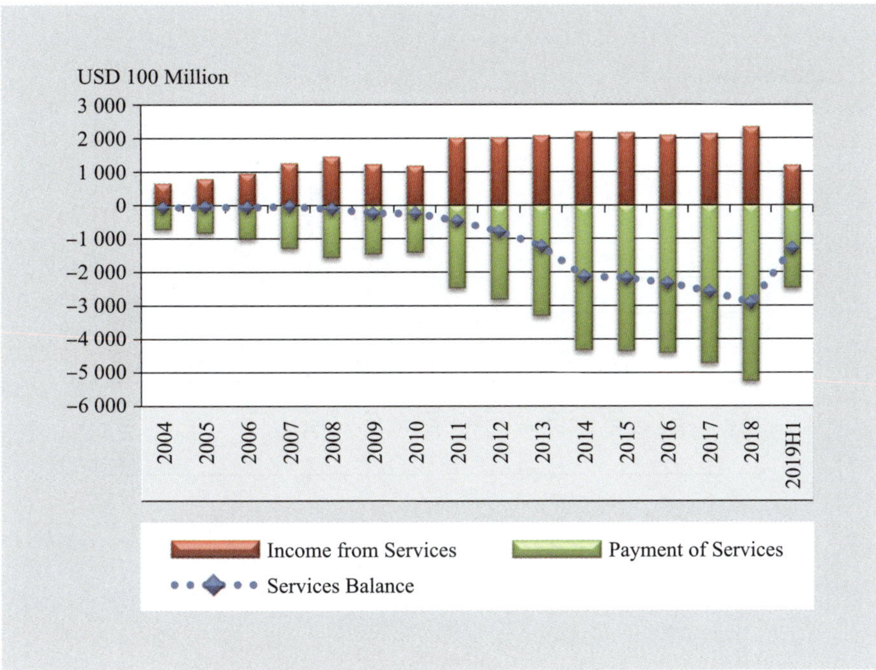

Source: State Administration of Foreign Exchange.

Expenditures on trade in services declined. In the first half of 2019, expenditures on trade in services recorded USD 247.9 billion, a year-on-year decrease of 6 percent. Among the major items, travel recorded expenditures of USD 127.5 billion, accounting for 51 percent of total expenditures, a year-on-year decrease of 10 percent. Transport expenditures were USD 49.7 billion, accounting for 20 percent of total expenditures, a slight year-on-year decline of 4 percent. Expenditures on other business services, such as consultation services and technical-related services, were USD 23.7 billion, accounting for 10 percent of total expenditures, a year-on-year increase of 1 percent. In addition, fees for the use of intellectual property amounted to USD 17.6 billion.

The trade in services deficit narrowed. In the first half of 2019, the deficit in trade in services was USD 129.3 billion, down 12 percent year on year. The main sources were as follows: First, the travel deficit narrowed significantly to USD 110.4 billion, a year-on-year decrease of 8 percent (see Chart 2-7), as expenditures on education and tourism by Chinese residents dropped. Second, the transportation deficit was USD 27.5 billion, a year-on-year decrease of 14 percent, mainly because the decline in imports of goods contributed to the decrease in transportation expenditures. Third, the use of intellectual property recorded a deficit of USD 14.1 billion.

Chart 2-7 China's Travel Contribution to the Deficit in Trade in Services

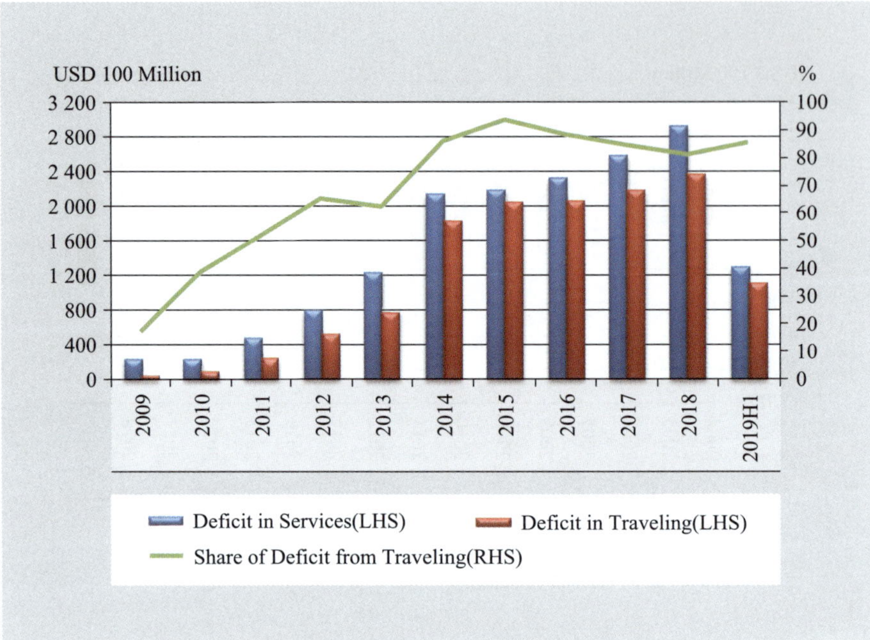

Source: SAFE.

The counterparty economies were highly concentrated. In the first half of 2019, China's top 10 partners in terms of trade in services were Hong Kong of China, the United States, Japan, Germany, Singapore, Korea, Australia, the United Kingdom, Canada, and Taiwan of China. Trade with these partners totaled USD 258 billion, accounting for 70 percent of the total. With the exception of Singapore, China posted deficits with its nine other partners. But with the exception of Korea and Taiwan of China, the deficits with the other partners narrowed to various degrees. However, the deficits with Hong Kong of China, the United States, Australia and Japan were still more than USD 10 billion (see Chart 2-8).

Chart 2-8 China's Trade in Services in Terms of Trading Partners During the First Half of 2019

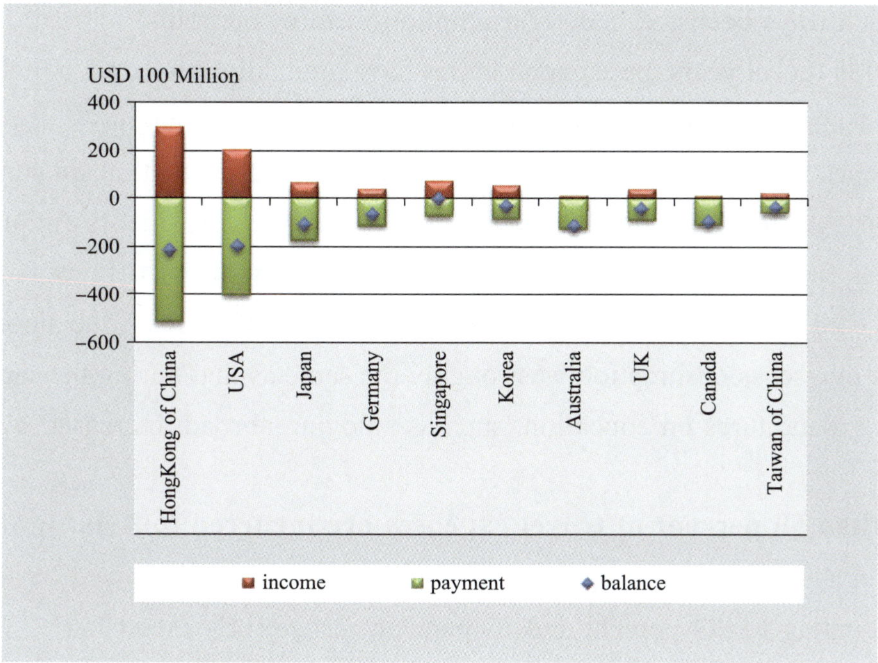

Source: State Administration of Foreign Exchange.

Box 2

New Characteristics of Overseas Travel Expenditures by Chinese Residents

In recent years, with the growth of domestic residents' income and consumption capacity, consumption for outbound tourism and study abroad has become increasingly common, mainly revealing the following characteristics:

The payment channels for overseas consumption are more abundant and convenient. The payment method has developed from traditional remittances and cash payments to bank card payments. With the development of science and technology, mobile payments further facilitated overseas consumption by individual residents. In the first half of 2019, China's travel expenditures reached USD 127.5 billion. Among these, bank card consumption was still the main mode of payment, but mobile payments were increasing rapidly. In the first half of this year, overseas consumption by mobile payments doubled compared with the same period in 2018.

The overseas consumption structure has been continuously upgraded and

optimized. According to the types of expenses, travel expenses mainly consist of shopping, studying abroad, medical treatment, accommodations, catering, and so forth. Among these, shopping has always been the main consumption form of outbound tourism for domestic residents, but in recent years these expenditures have gradually stabilized, which shows that Chinese residents are becoming more rational about overseas shopping. It also reflects the positive changes in the domestic shopping environment that have attracted some domestic consumption. At the same time, the demand by individual residents for international education has further increased, and residents are more willing to invest in education. Taking bank card consumption as an example: in the first half of 2019, the amount spent on shopping for overseas consumption was roughly the same as that during the same period of 2018, while expenditures on education, such as studying abroad, increased by 20 percent year on year.

More than 50 percent of travel expenses are incurred in Asia. In the first half of 2019, Asia accounted for 54 percent of travel expenditures, followed by America and Europe, accounting for 24 percent and 13 percent, respectively (see Chart C2–1). Among the Asian countries and regions, Hong Kong of China, Japan, Macao of China, Taiwan of China, and Korea ranked at the top. Among the American countries, the United States, Canada, and so forth ranked at the top. Among the European countries, France, Italy, Britain, and Switzerland ranked at the top.

Chart C2–1 Geographic Distribution of Overseas Travel Expenditures by Chinese Residents

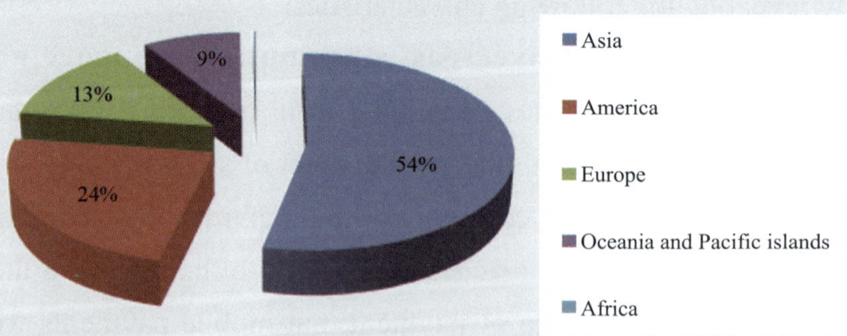

Source: SAFE.

Travel expenditures by Chinese residents along the "belt and road" area have increased. With the increasingly close ties between China and the other countries along the "belt and road" area, Chinese residents have become more familiar with these countries and are more willing to treat them as tourism and consumption destinations. While travel expenditures in traditional markets remain stable, they are gradually growing in the emerging markets. From annual data, the amount of consumption by residents along the "belt and road" area has been increasing in recent years (see Chart C2–2), among which the top ranked countries are Singapore, Thailand, Vietnam, Indonesia, and so on. In the first half of 2019, the amount of consumption by individuals in the countries along the "belt and road" was USD 14.9 billion.

Chart C2–2 Annual Travel Consumption by Chinese Residents Along the "Belt and Road" Area

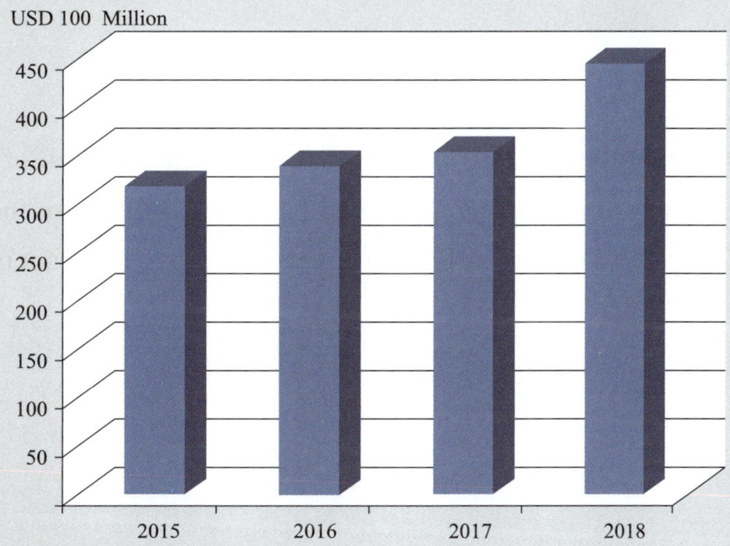

Source: SAFE.

(III) Direct Investments

Direct investments recorded a net inflow.① In the first half of 2019, net inflows of direct investments in China's balance of payments totaled USD 35.2 billion (see Chart 2–9), lower than that in the first half of 2018 but an increase of 29 percent compared with the second half of 2018, and there was stable overall performance during the past year.

① The net flow of direct investments refers to the gap between the net increase in direct–investment assets (net outflow of funds)and the net increase in direct–investment liabilities (net inflow of funds). When the net increase in direct–investment assets is more than the net increase in direct–investment liabilities, a net outflow is recorded, and vice versa.

Chart 2-9 China's Direct Investments

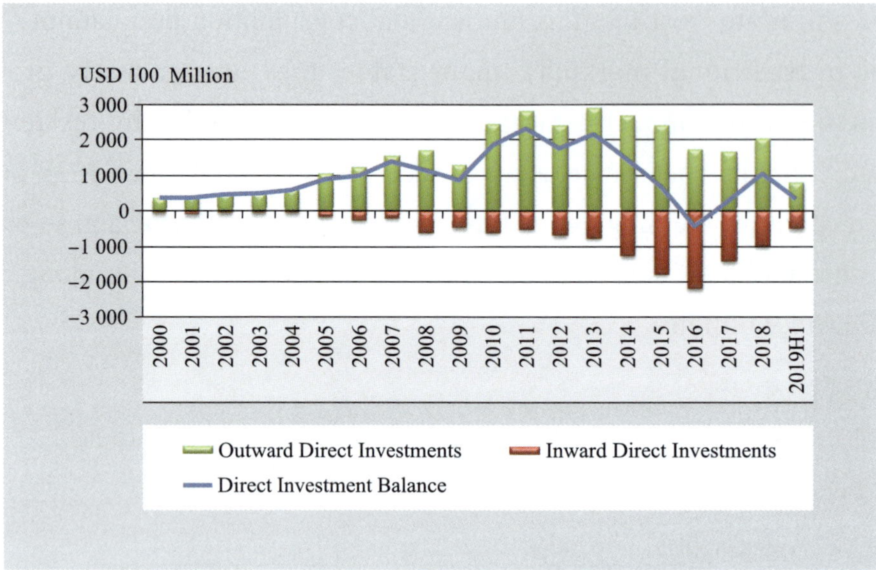

Source: SAFE.

Outward direct investments (ODI) remained stable. In the first half of 2019, China's ODI (net increase in direct-investment assets①) reached USD 46.7 billion, an increase of 2 percent year on year (see Chart 2-10). Outward direct investments by Chinese enterprises remained rational and stable.

① A major component of direct-investment assets is outward direct investments. In addition, reverse investments by domestic foreign-funded enterprises to their parent companies are included. The net increase in direct-investment asset transactions, which is negative in the balance-of-payments statement, represents a net outflow.

Chart 2–10 China's Direct–Investment Assets

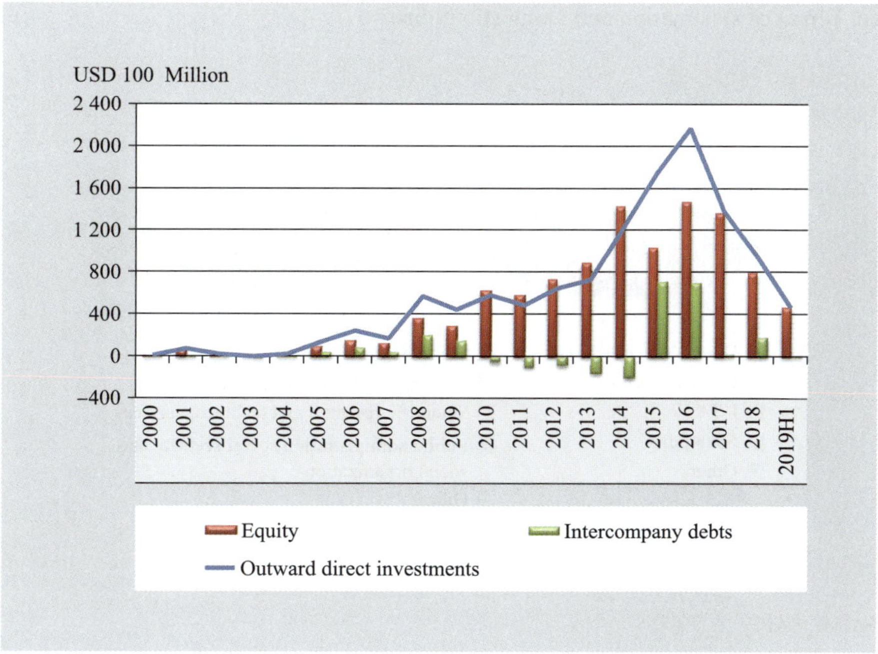

Source: SAFE.

In terms of the composition of direct investments, equity investments increased and loan assets moved steadily. First, equity investments reached USD 46.5 billion (including USD 21 billion in the first quarter and USD 25.7 billion in the second quarter), a 30 percent decline year on year. Second, loans to foreign affiliates recorded USD 0.2 billion (including a net outflow of USD 0.8 billion in the first quarter and a net inflow of USD 0.6 billion in the second quarter), indicating that cross–border lending activities were generally stable.

In terms of sectors, outward direct investments by China's non–financial sector, mainly dominated by the manufacturing industry, have risen steadily. First, direct–investment assets by the non–financial sector recorded a net increase of USD 38.5 billion, up 7 percent year on year, mainly due to a 37 percent increase in equity investments, including paid–in capital reinvestments of earnings, while loan assets decreased. Among the domestic "going–global" industries, the manufacturing industry continues to rank in first place, accounting for 42 percent of the total (see Chart 2–11). Second, direct–investment assets by the financial sector recorded a net increase of USD 8.2 billion, down 16 percent year on year. More than 60 percent of the investments were contributed by the banking sector.

Chart 2-11 China's Direct-Investment Assets in the Non-Financial Sector, 2019H1 (in Terms of Destination and Domestic Industry)

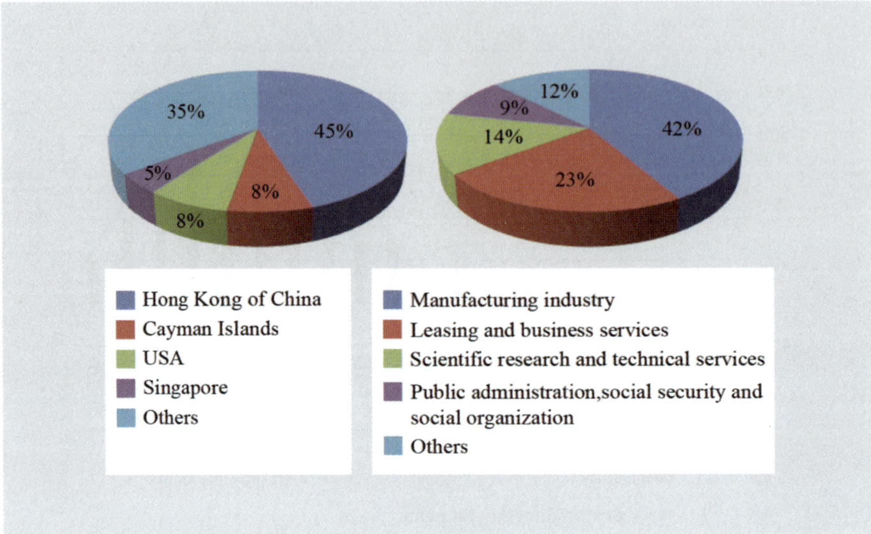

Source: SAFE.

Inward foreign direct investments in China maintained large net inflows. In the first half of 2019, net inflows of inward direct investments (net increases in direct-investment liabilities①) in China reached USD 81.9 billion, with a decrease in the net inflow of loans from foreign affiliates and an increase in the paid-in capital from the first half of 2018.

In terms of the composition, inward foreign direct investments were mainly composed of equity investments, supplemented by loans from foreign affiliates. First, net inflows of equity investments in China amounted to USD 70 billion (see Chart 2-12). Among these, equity investments in the form of capital increased 17 percent year on year, reflecting that foreign investors remain confident about prospects for China's economic development. Second, loans from foreign affiliates recorded a net increase of USD 11.9 billion, lower than that in the first half of 2018 but still continuing a general net inflow. This indicates that foreign-invested enterprises continue to use domestic and international markets and resources for investment.

① Direct-investment liabilities are mainly composed of foreign direct investments. This includes reverse investments to domestic parent companies by overseas subsidiaries. The net increase in direct-investment liability transactions, which is positive in the balance-of-payments statement, represents a net inflow.

Chart 2–12 China's Direct–Investment Liabilities

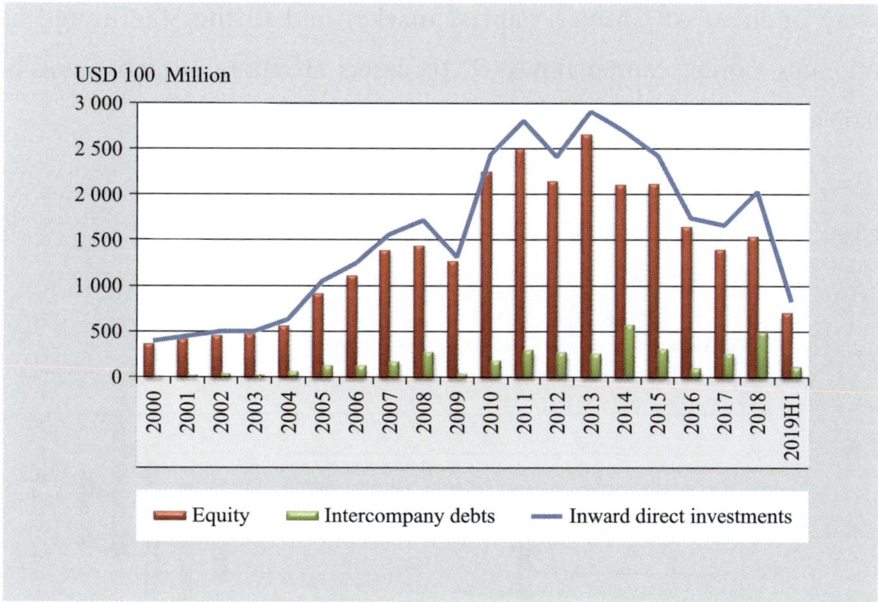

Source: SAFE.

In terms of sectors, manufacturing and business service industries are still the main non–financial sectors that absorb inward direct investments. First, direct–investment liabilities in the non–financial sector recorded a net increase of USD 73.1 billion, accounting for 90 percent of the total net inflows of direct investments to China. In the first half of 2019, FDI inflows to the manufacturing industries accounted for 19 percent of the total, making it the largest absorber of FDI. The leasing and business services industries absorbed the most direct investments, accounting for 27 percent of the total. In the meantime, the main source of FDI remained the Hong Kong of China, accounting for more than 70 percent of the total. The Hong Kong of China was followed by Korea, Singapore, and the United States, accounting for 14 percent of the total. Second, direct–investment liabilities in the financial sector recorded a net inflow of USD 8.7 billion, basically the same as that during the same period of 2018.

(IV) Portfolio Investments

Portfolio investments continued their net inflows. In the first half of 2019, the net inflows (increase in net liabilities) of portfolio investments were USD 23 billion (see Chart 2–13). In terms of trading instruments, the net inflows of equities and bonds were USD 2 billion and USD 21 billion respectively. In general, in the first half of 2019 portfolio investments continued their net inflows, and both inward and outward investments in equities and bonds increased, indicating that the two-way opening of China's capital market had further facilitated capital market transactions and cross-border capital flows. RMB assets are more attractive and better meet the needs of domestic and foreign investors for cross-border asset allocations.

Chart 2-13 China's Net Flows under Portfolio Investments

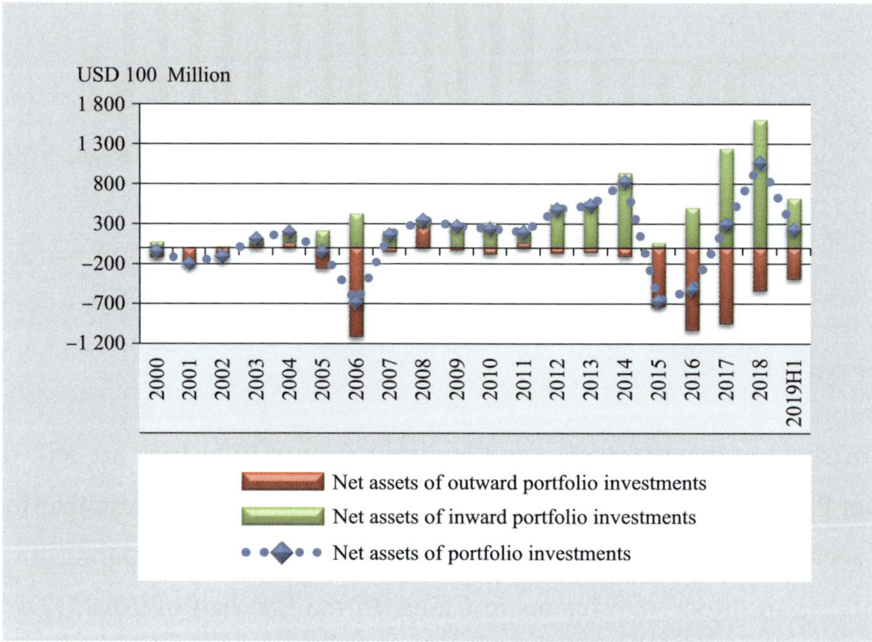

Note: Positive outward portfolio investments indicate a decrease in equities and bonds of outward investments, and vice versa. Positive inward portfolio investments indicate an increase in equities and bonds of inward investments, and vice versa.
Source: SAFE.

China's outward portfolio investments remained stable. In the first half of 2019, China's net outward portfolio investments (net increase in assets) were USD 39 billion, with a year-on-year increase of 3 percent. Equity investments were USD 5.3 billion, down 64 percent, and bond investments were USD 33.7 billion, up 46 percent.

In terms of major channels, first, domestic banks and other financial institutions invested USD 27.7 billion in overseas stocks and bonds; second, domestic residents purchased USD 7.9 billion in overseas securities assets via the Shanghai-Hong Kong Connect and the Mutual Recognition of Funds; third, domestic institutional investors (QDII and RQDII) invested a total of USD 2.2 billion in non-resident-issued stocks and bonds; fourth, domestic residents' purchases of domestic bonds issued by non-residents and outstanding acceptances of letters of credit by foreign banks totaled USD 1.2 billion.

Net inflows continued in inward portfolio investments. In the first half of 2019, inward portfolio investments recorded a net inflow (net increase in liabilities) of USD 62.1 billion, remaining at a high level. In particular, net inflows of inward portfolio investments in equity were USD 7.3 billion, net inflows of bonds were USD 54.8 billion.

In terms of the main channels, first, foreign institutions invested USD 40.2 billion in the domestic securities market (including the Bond Connect); second, capital inflows via the Shanghai–Hong Kong Connect and the Shenzhen–Hong Kong Connect totaled USD 17.6 billion; **third,** non-residents purchased USD 12.8 billion in overseas stocks and bonds issued by Chinese institutions, including RMB notes issued in Hong Kong by the People's Bank of China.

Box 3

Continue to Deepen the Reform of Foreign-Exchange Management: Actively Promote the Two-Way Opening of Financial Markets

Since 2019, in order to implement the decisions and deployments made by the CPC Central Committee and the State Council on further expanding the opening-up, the State Administration of Foreign Exchange (SAFE) introduced several measures to promote the two-way opening of the financial markets.

First, the total investment quota of qualified foreign institutional investors(QFII) and RMB qualified foreign institutional investors(RQFII) (hereinafter referred to as QFII/RQFII) was expanded, and the investment quota limitations were removed in September. At the beginning of 2019, in order to satisfy the growing demand by foreign investors to invest in China's financial markets, with the approval of the State Council the total quota of the qualified foreign institutional investors(QFII) increased from USD 150 billion to USD 300 billion, the total quota of the RMB qualified foreign institutional investors(RQFII) rose to CNY 1.99 trillion, and the number of pilot countries and regions rose to 20. By the end of August 2019, up to 292 QFIIs were approved, with an investment quota of USD 111.376 billion, and 222 RQFIIs were approved, with an investment quota of CNY 693.302 billion. Meanwhile, the SAFE further optimized the filing process within the primary quota to enhance efficiency, and the shortest filing period was reduced to only one week, which better meets the needs of foreign investors to improve investment efficiency and to seize market opportunities.

In September 2019, with the approval of the State Council, the SAFE decided to remove the investment quota limitations on the QFII/RQFII, which was another major reform measure in the area of the foreign-exchange administration of the QFII/RQFII. In the future, foreign institutional investors with corresponding qualifications will only have to go through registration procedures to remit funds independently so as to make security investments in accordance with the regulations. Therefore, the conveniences for foreign investors to participate in the domestic financial market will once again be greatly enhanced and China's bond and stock markets will be better and more widely accepted by international markets.

Second, actively promote the two-way opening of the stock market. On May 26, 2019, the People's Bank of China (PBC) and the SAFE issued the Measures for the Administration of Cross-Border Funds of Depository Receipts (for Trial Implementation) (No.8 [2019], PBC SAFE), clarifying cross-border fund management requirements, including depository receipt issuances and depository and cross-border conversion businesses, which strongly support the issuance of "red chips" on the technology innovation board and the launch of the "Shanghai-London Stock Connect." In June 2019, Huatai Securities issued the first global depository receipt (GDR) under the Shanghai-London Stock Connect mechanism, and four cross-border conversion institutions successfully completed foreign-exchange registration, marking an important breakthrough whereby the opening-up of the stock market expanded from the secondary market to the primary market.

Third, participation by foreign employees in stock incentives of domestic listed companies was supported. In February 2019, the Measures on the Management of Stock Incentive Funds for Foreign Employees of Domestic Listed Companies were issued jointly by the PBC and the SAFE, allowing foreign employees to carry out relevant fund transfers and exchange businesses directly in banks with a business registration certificate without prior approval and to independently choose the funding source to participate in equity incentives.

The further expansion of the capital market opening-up attracted more long-term funds to China's financial markets, which has been conducive to the balance of international payments and the development of China's financial markets. According to the balance of payments, in the first half of 2019 cross–border capital inflows under stocks and bonds in the financial account totaled USD 23 billion, accounting for 51 percent of the total cross–border capital inflows in the financial account. From January to June 2019, foreign investments in domestic security markets showed a trend of net purchases, with the scale of net purchases in the stock and bond markets exceeding CNY 300 billion. By the end of June 2019, the market value of domestic securities held by foreign investors had increased by 25 percent compared to the same period of the last year, among which the market value of domestic stocks had increased by 28 percent, accounting for 3.8 percent of the total market value of A–shares in circulation. Domestic holdings rose by 22 percent, accounting for 2.2 percent of the total custody of bonds.

(V) Other Investments

The deficit in other investments narrowed. In the first half of 2019, other investments registered a deficit (an increase in net assets) of USD 12.8 billion, down 37 year on year (see Chart 2–14). In particular, currency and deposits recorded a net outflow of USD 91.9 billion, loans recorded a net inflow of USD 80.9 billion, trade credits recorded a net inflow of USD 12.2 billion, and other accounts payables and receivables recorded a net outflow of USD 13.2 billion.

Chart 2-14 China's Net Flows of Other Investments

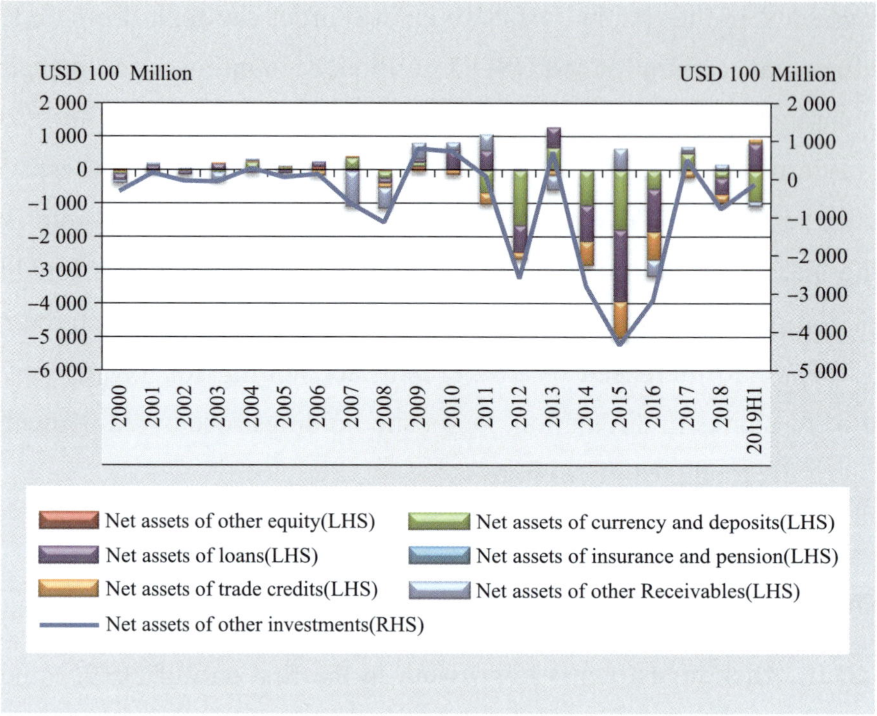

Source: SAFE.

Assets under other investments turned to net inflows. In the first half of 2019, external assets under other investments recorded a net inflow of USD 10.5 billion, compared to a net outflow of USD 80.3 billion in the same period of 2018. In particular, trade-credit assets decreased by USD 59 billion, reflecting exporters' expectations about the stability of the foreign-exchange rate, overseas deposits grew by USD 49.1 billion, down 19 percent year on year, overseas loans registered a net inflow of USD 19 billion, compared to a net outflow of USD 50.6 billion during the same period of 2018; other accounts receivables recorded an increase of USD 16.2 billion, while during the same period of 2018 there had been a decrease of USD 19.3 billion.

Other investments registered a net outflow. In the first half of 2019, other investments from abroad registered a net outflow of USD 23.3 billion, whereas there was a net inflow of USD 60 billion in the same period of 2018. In particular, affected by the 4 percent year-on-year decline in imports, trade-credit liabilities decreased by USD 46.8 billion, compared to an increase of USD 1.5 billion during the same period of 2018. Currency and deposits liabilities increased by USD 19.1 billion, 63 percent lower year on year, while other account payables increased by USD 30 billion, 55 percent lower year on year.

III

International Investment Position

China's external financial assets and liabilities① **were both on the rise.** At end-June 2019, China's external financial assets reached USD 7442.7 billion, representing growth of 1.6 percent compared to end-December 2018; external liabilities reached USD 5417.5 billion, up 4.3 percent; and net assets reached USD 2025.2 billion, down 4.9 percent (see Chart 3-1).

Chart 3-1 China's External Financial Assets, Liabilities, and Net Assets

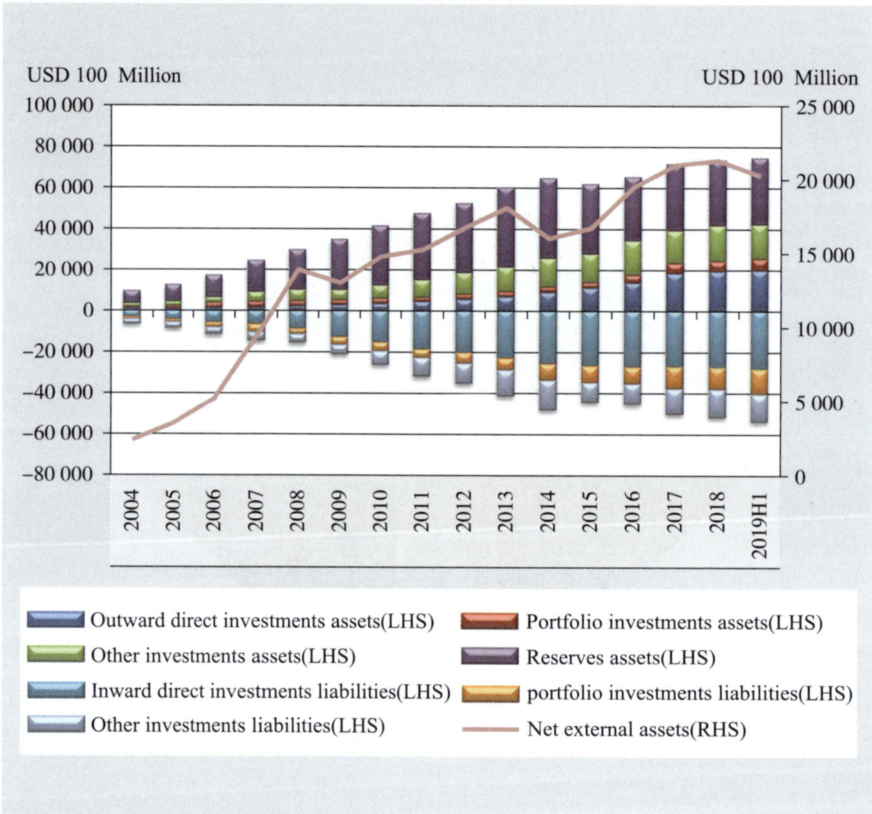

Source: SAFE.

Reserve assets remained the largest component of total external assets, and the structure of external assets continued to be optimized. Among the external financial assets, at end-June 2019 reserve assets amounted to USD 3225.2 billion, up by 1.8 percent, of which

① External financial assets and liabilities include direct investments, portfolio investments, and other investments, such as loans and deposits. Outward direct investments are included as financial assets because the equity issued by non-resident direct-investment enterprises and held by domestic investors is the same type of financial instrument as the equity investment in portfolio investments. The difference is that direct investments require a higher threshold of equity holdings to reflect a significant influence or control over the production and operations of the enterprises. Inward direct investments belong to external financial liabilities because foreign investors hold equity in foreign-owned companies.

USD 2.4 billion was due to BOP transactions and USD 54.8 billion was due to changes in exchange rates and prices other than BOP transactions. As the largest component, reserve assets accounted for 43 percent of total external assets, a historical low since China's first IIP statement at end–December 2004. Direct–investment assets amounted to USD 1952.2 billion, accounting for 26 percent of total assets, or the same proportion as that at end–December 2018. Portfolio–investment assets amounted to USD 560.2 billion, accounting for 8 percent, up by 1 percentage point. Financial–derivative assets amounted to USD 8.0 billion, accounting for 0.1 percent. Other investments, such as loans and deposits, amounted to USD 1697.0 billion, accounting for 23 percent(see Chart 3–2).

Chart 3–2　China's Structure of External Financial Assets

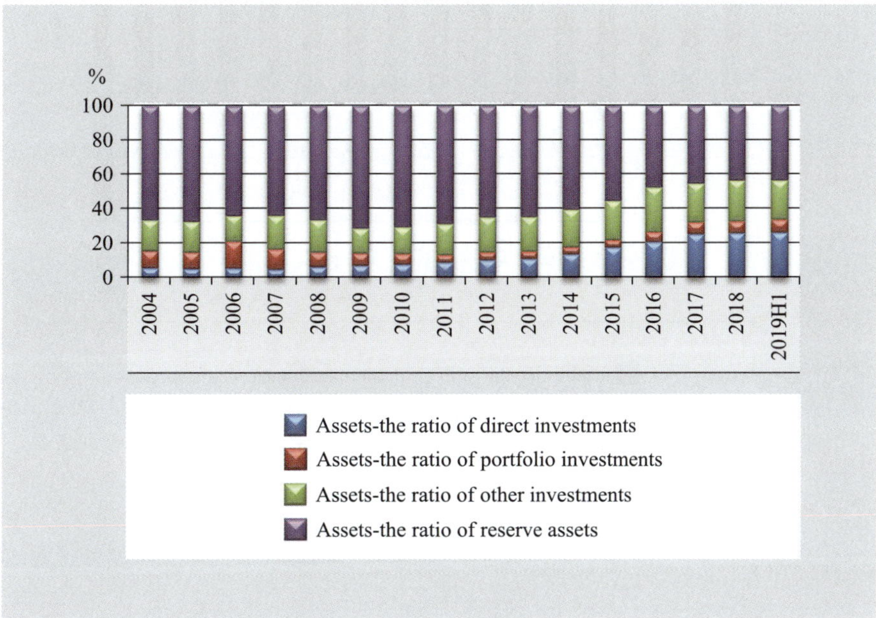

Source: SAFE.

Although foreign direct investments remained the major item in external liabilities, the proportion of portfolio investments grew. Among external liabilities, FDI totaled USD 2834.8 billion at end–June 2019,① up 2.6 percent. Continuing as the largest component, FDI accounted

① The inward FDI position includes FDI stocks of both the non–financial sector and the financial sector. The position includes inter–company lending as well as other debt positions among the relevant offices. The statistics also reflect the impact of revaluations. The statistical coverage of inward FDI is different from the cumulative statistics of the Ministry of Commerce. Over the years, the latter has used the cumulative FDI equity investment flows as the inward FDI position.

for 52 percent of total external liabilities. Portfolio-investment liabilities amounted to USD 1263.3 billion, accounting for 23 percent, 2 percentage points more than that at end-December 2018. Financial-derivative assets amounted to USD 7.7 billion, accounting for 0.1 percent. Other investments, such as loans and deposits, amounted to USD 1311.7 billion, accounting for 24 percent (see Chart 3-3).

Chart 3-3 China's Structure of External Liabilities

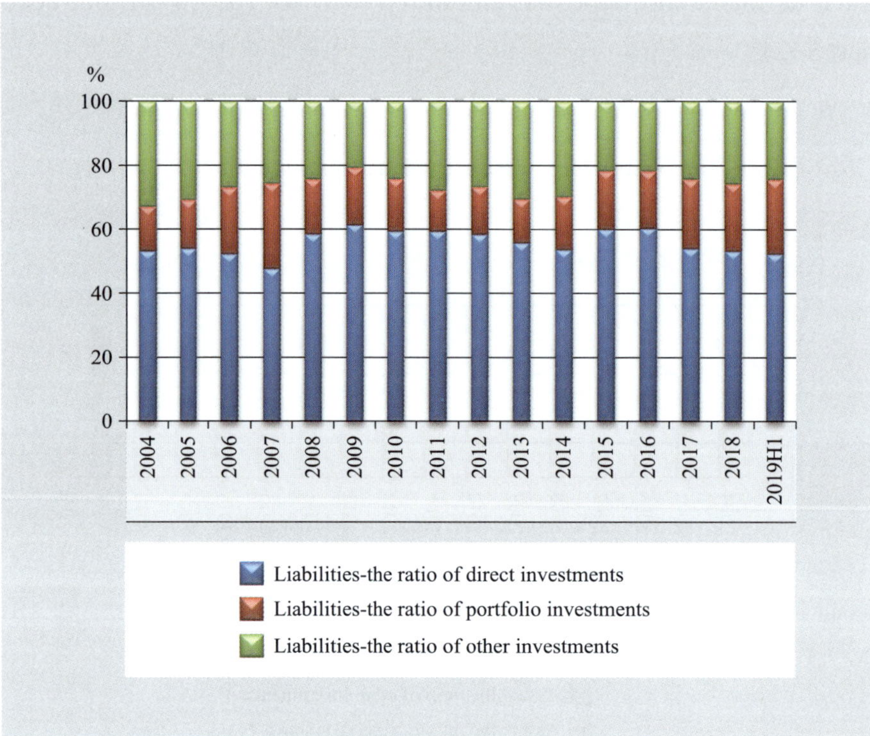

Source: SAFE.

Investment income[①] **registered a small surplus, reflecting the optimism about the change in the structure of China's external assets and liabilities.** In the first half of 2019, China's net investment income recorded a small surplus of USD 1.5 billion. In particular, revenue from outward investments totaled USD 120.8 billion; income payments for inward investments totaled USD 119.3 billion. On the asset side, the proportion of reserve assets in China's foreign financial assets was gradually declining in recent years, and the proportion of assets held by the private sector was increasing. The reserve assets are highly liquid assets, while the private sector

① The data for investment income refers to the data recorded in BOP 2019 H1.

focuses on direct investments, which are less liquid and seek higher long-term returns. On the liability side, in the process of upgrading China's economic structure and changing from high-speed growth to high-quality development, the rate of return from direct investments in China is still relatively high, attracting a continuous inflow of direct-investment funds. In addition, with the increasing openness of the domestic securities market and the increasing attraction of RMB assets, the proportion of bond and other securities investments in China has increased. But, in general, the return on investments, such as dividends and interest brought by secondary market investments, is lower than that of direct investments.

Table 3-1 China's International Investment Position at the End of June 2019

Unit: USD 100 million

Item	Line No.	2019H1
Net International Investment Position①	**1**	**20 252**
Assets	**2**	**74 427**
1 Direct investment	**3**	**19 522**
1.1 Equity and investment fund shares	4	16 822
1.2 Debt instruments	5	2 701
1.a Financial sector	6	2 665
1.1.a Equity and investment fund shares	7	2 552
1.2.a Debt instruments	8	113
1.b Non-financial sector	9	16 857
1.1.b Equity and investment fund shares	10	14 269
1.2.b Debt instruments	11	2 588
2 Portfolio investment	**12**	**5 602**
2.1 Equity and investment fund shares	13	3 034
2.2 Debt securities	14	2 568
3 Financial derivatives (other than reserves) and employee stock options	**15**	**80**
4 Other investment	**16**	**16 970**
4.1 Other equity	17	69
4.2 Currency and deposits	18	3 982
4.3 Loans	19	6 895
4.4 Insurance, pension, and standardized guarantee schemes	20	118
4.5 Trade credit and advances	21	5 382
4.6 Other accounts receivable	22	524
5 Reserve assets	**23**	**32 252**

① Net position refers to assets minus liabilities; "+" refers to net assets; "-" refers to net liabilities. The notations in this table are based on the principle of rounding.

(Continue)

Item	Line No.	2019H1
5.1 Monetary gold	24	873
5.2 Special drawing rights	25	108
5.3 Reserve position in the IMF	26	82
5.4 Foreign currency reserves	27	31 192
5.5 Other reserve assets	28	−3
Liabilities	**29**	**54 175**
1 Direct investment	**30**	**28 348**
1.1 Equity and investment fund shares	31	26 066
1.2 Debt instruments	32	2 282
1.a Financial sector	33	1 537
1.1.a Equity and investment fund shares	34	1 384
1.2.a Debt instruments	35	153
1.b Non-financial sector	36	26 811
1.1.b Equity and investment fund shares	37	24 681
1.2.b Debt instruments	38	2 129
2 Portfolio investment	**39**	**12 633**
2.1 Equity and investment fund shares	40	8 019
2.2 Debt securities	41	4 614
3 Financial derivatives (other than reserves) and employee stock options	**42**	**77**
4 Other investment	**43**	**13 117**
4.1 Other equity	44	0
4.2 Currency and deposits	45	4 417
4.3 Loans	46	4 799
4.4 Insurance, pension, and standardized guarantee schemes	47	125
4.5 Trade credit and advances	48	3 463
4.6 Other accounts payable	49	216
4.7 Special drawing rights	50	97

Source: SAFE.

IV

The Operation of the Foreign-Exchange Market and the RMB Exchange Rate

(I) Trends in the RMB Exchange Rate

The RMB exchange rate was relatively stable against the USD. At end–June2019, the mid–price of the RMB exchange rate against the USD was 6.8747, a depreciation of 0.17 percent from the end of 2018.The RMB spot exchange rate against the USD in the inter–bank foreign–exchange market (CNY) and that in the offshore market (CNH) appreciated by 0.12 percent and 0.17 percent, respectively (see Chart 4–1).The average daily spread between the CNH and the CNY was 97 bps, lower than the 102 bps spread in 2018. Since May 2019, the fluctuation of the RMB exchange rate against the USD has increased. Nevertheless, the RMB remains a stable currency globally and its exchange rate remains relatively stable at a balanced and reasonable level.

Chart 4–1 Trends in the RMB Spot Exchange Rate against the USD in the Domestic and Offshore Markets, 2019

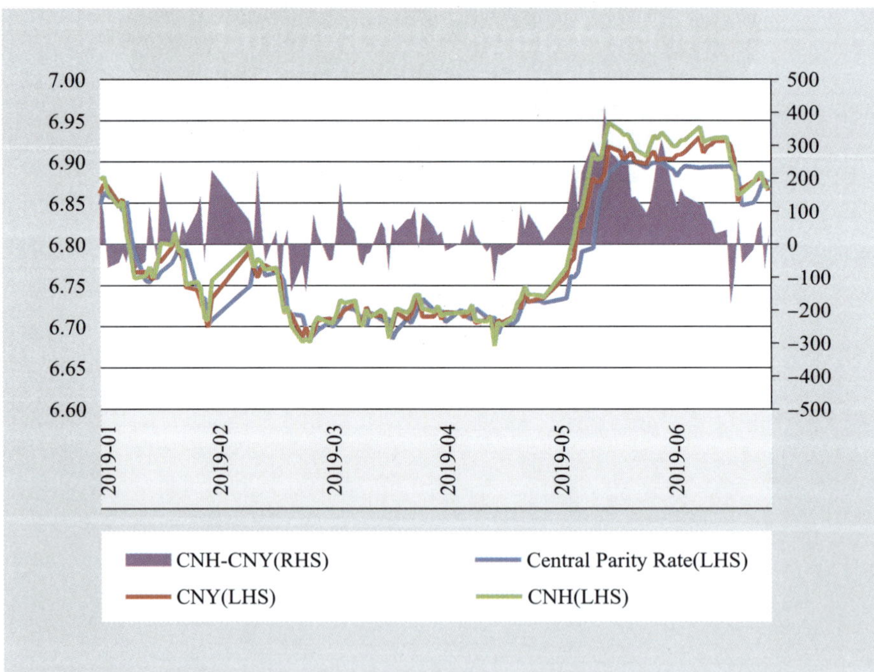

Sources: CFETS, Reuters.

Trends in the RMB exchange rate versus those other major currencies. At the end of June 2019, the mid–price of the RMB exchange rate against the EUR, 100JPY, GBP, AUD, and

CAD stood at 7.8170, 6.3816, 8.7113, 4.8156, and 5.2490, respectively, an appreciation of 0.39 percent, respectively, a depreciation of 3.02 percent and 0.40 percent, respectively, an appreciation of 0.20 percent and a depreciation of 4.02 percent, respectively(see Chart 4-2).

Chart 4-2 The Central Parity of the RMB against the Major Developed and Emerging Market Currencies

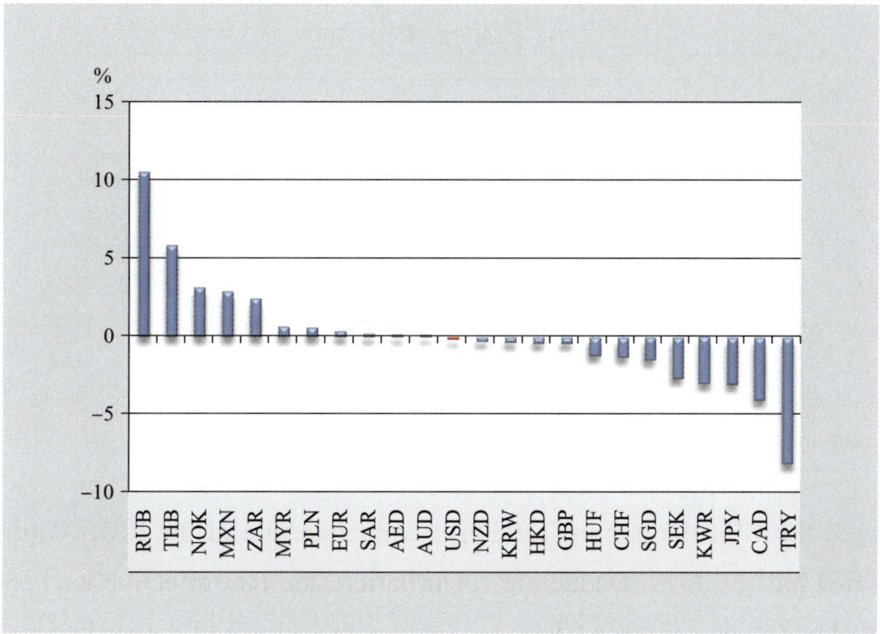

Source: CFETS.

The RMB exchange rate was basically stable against the basket of currencies. According to CFETS data, at the end of June 2019 the RMB exchange-rate indexes of the CFETS, the BIS basket of currencies, and the SDR basket of currencies were 92.66, 96.08, and 92.89,respectively, a slight depreciation of 0.66 percent , 0.72 percent, and 0.27 percent, respectively, from the end of the previous year.

Chart 4–3 Trends in the Effective RMB Exchange Rate

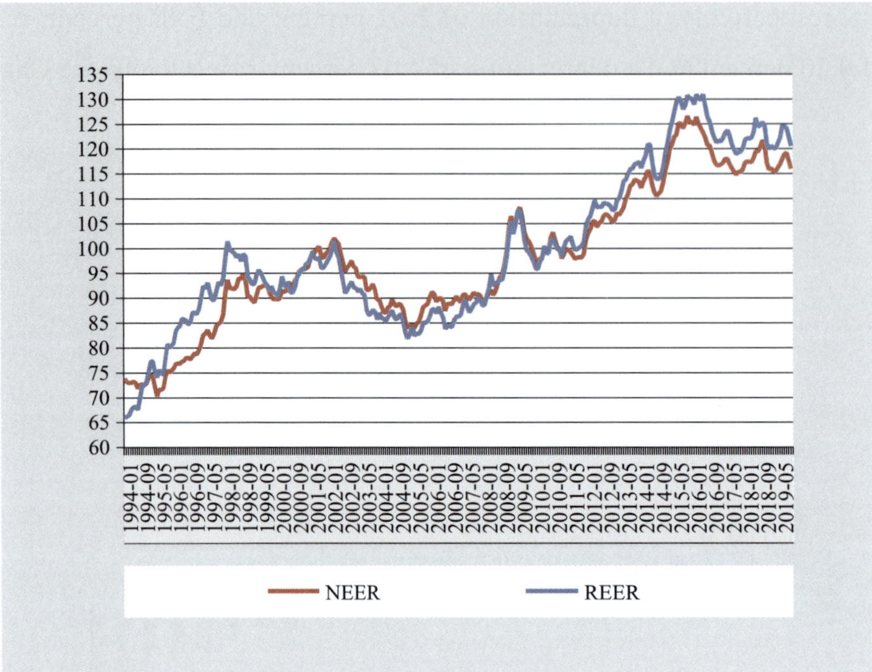

Source: BIS.

According to the BIS, the nominal effective exchange rate of the RMB depreciated by 0.2 percent in the first half of 2019. Deducting for inflation, the real effective exchange rate of the RMB depreciated by 0.5 percent (see Chart 4–3). Since the reform of the exchange–rate regime in 2005, the nominal and real effective exchange rates of the RMB appreciated by 34.0 percent and 44.3 percent, respectively.

The RMB exchange rate fluctuated in both directions and its flexibility remains at a relatively high level. At the end of June 2019, the one–year historic volatility of the RMB exchange rate against the USD in the domestic and offshore markets stood at 4.2 percent and 5.1 percent, down 0.1 percent and 0.3 percent from the beginning of 2019 respectively. Nevertheless, it remains at a high historical level. The implied volatilities in the domestic and offshore options markets stood at 4.6 percent and 5.6 percent, down 0.6 percent and 0.5 percent from the beginning of 2019 respectively (see Chart 4–4).

Chart 4–4 The Volatility of the 1–Year RMB Exchange Rates Against the USD in the Domestic and Offshore Markets

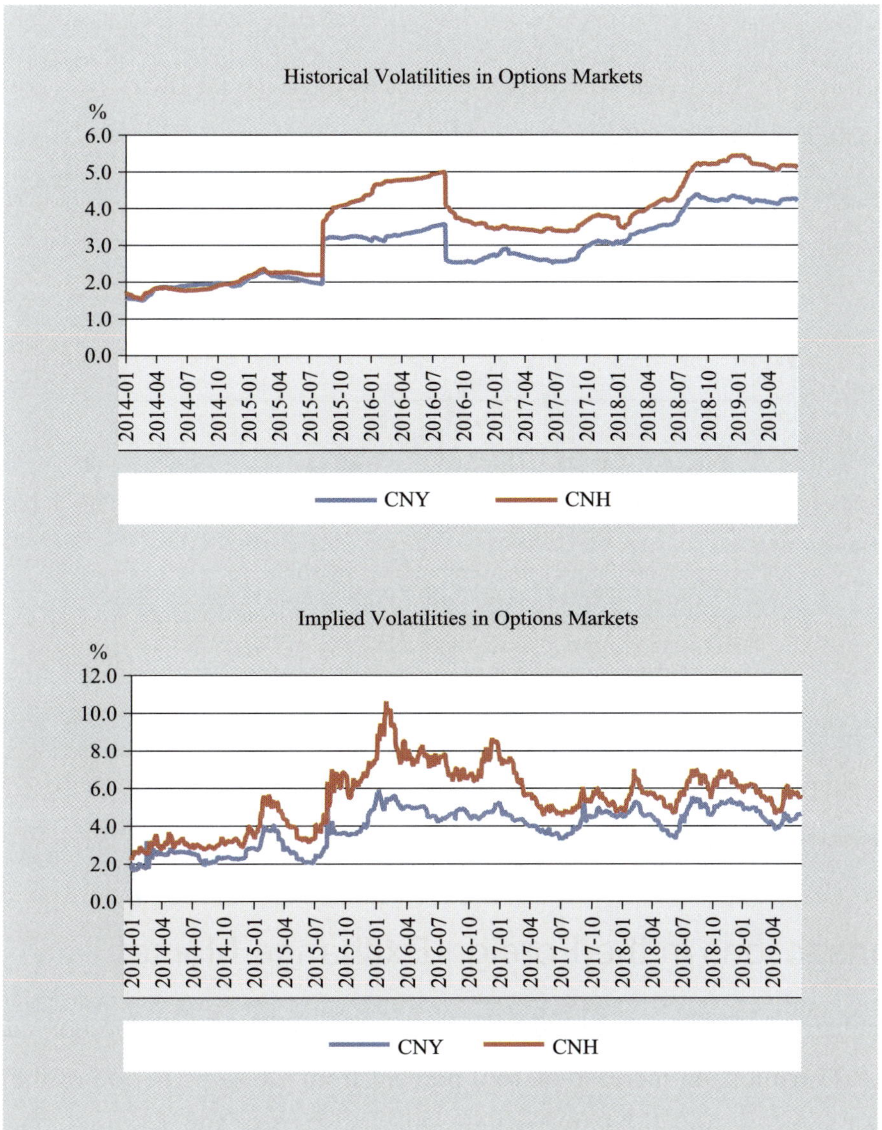

Source: Bloomberg.

The options markets showed that RMB exchange-rate expectations were stable. In the first half of 2019, domestic and offshore risk reversals (the difference between the volatility of the USD call / RMB put options and the USD put / RMB call options) were 0.64 percent and 1.36 percent respectively, varying from 0.92 percent and 0.93 percent respectively at the end of 2018 (see Chart 4–5). In the first half year of 2019, the domestic and offshore risk reversals showed a declining–to–rising fluctuation, while the highest level in this period was far below the historic high, which indicates that exchange–rate expectations were stable.

Chart 4–5 The 1–Year Risk Reversals of the RMB against the USD in the Domestic and Offshore Option Markets

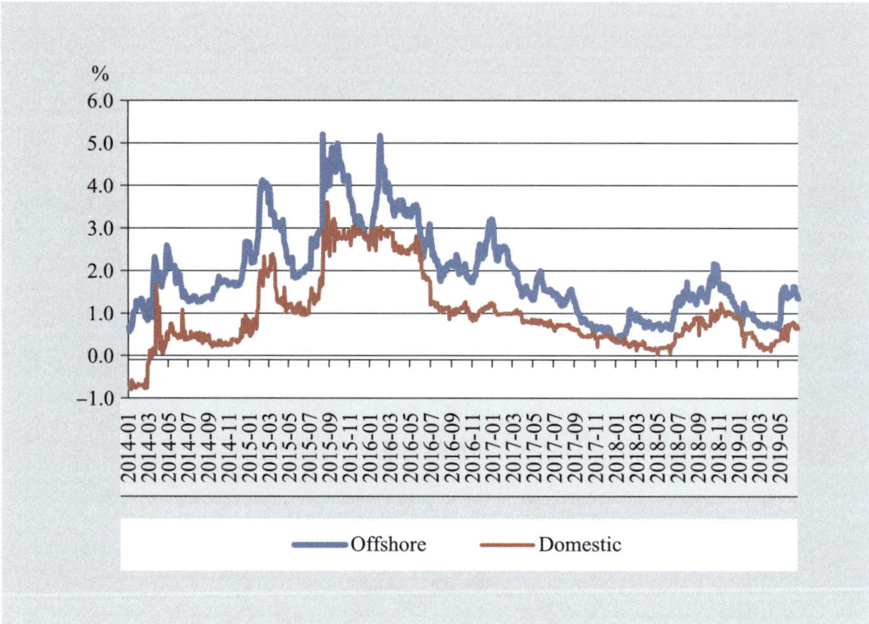

Source: Bloomberg.

(II) Transactions in the Foreign-Exchange Market

In the first half of 2019, the cumulative trading volume of the RMB/foreign–currency market totaled USD 15.27 trillion, an increase of 16.0 percent from the same period of the previous year (see Chart 4–6), with an average daily trading volume of USD 129.4 billion. The total trading volume in the client market and the inter–bank market were USD 1.98 trillion and USD 13.29 trillion,[①] respectively. Spot and derivative transactions witnessed a trading volume of USD 5.64 trillion and USD 9.63 trillion, respectively (see Chart 4–6). Derivatives accounted for 63 percent of the share of the total transactions in the foreign–exchange market. This structure was closer to that of the global foreign–exchange market (see Chart 4–7).

① The client market uses the total volume of both purchases and sales of foreign exchange. The inter–bank market uses the unilateral trading volume. The same as below.

Chart 4-6 Trading Volume in China's Foreign-Exchange Market

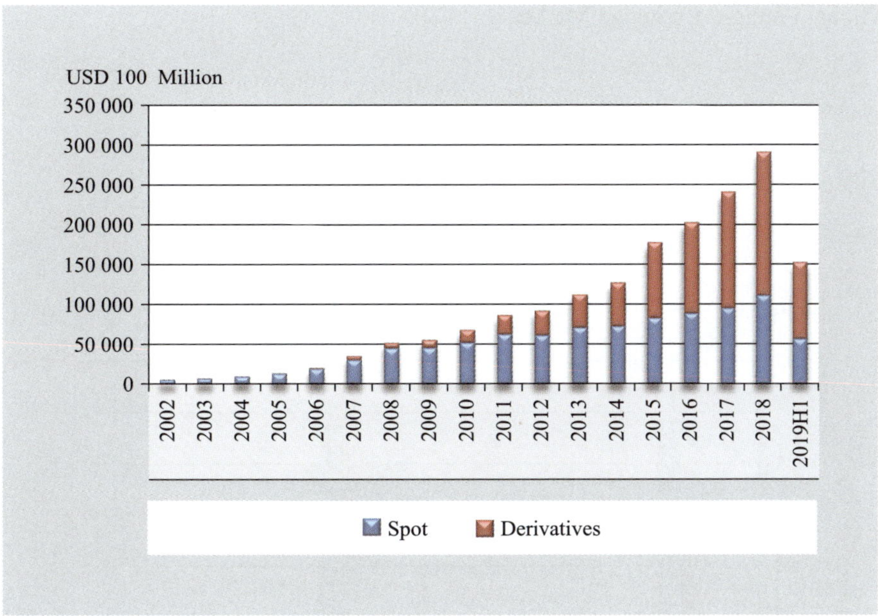

Sources: SAFE, CFETS.

Steady growth of foreign-exchange spot transactions. In the first half of 2019, the spot foreign-exchange market saw a trading volume of USD 5.64 trillion, up 15.0 percent from the same period of the previous year. Spot purchases and sales of foreign exchange in the client market totaled USD 1.64 trillion (including bank, but excluding the implementation of forwards), down 1 percent from the previous year. The spot inter-bank foreign-exchange market saw a trading volume of USD 4.00 trillion, up 23.0 percent from the previous year. The share of USD transactions was 96.0 percent.

Chart 4-7 China's Comparison of the Structure of Products in the Domestic and Global Foreign-Exchange Markets

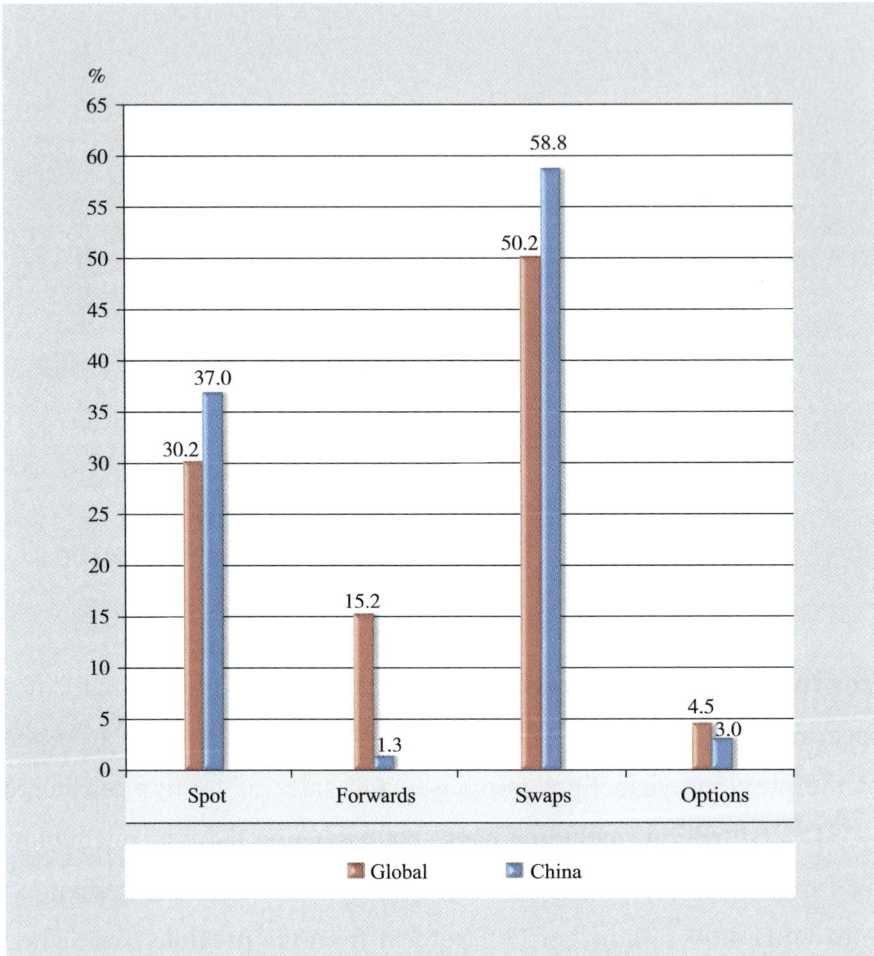

Note: China's data are for the first half of 2019, and the global data are adopted from the BIS survey in April 2019.
Sources: SAFE, CFETS, BIS.

Foreign-exchange forward transactions declined. In the first half of 2019, the forward market saw a trading volume of USD 193.1 billion. In the client market, purchases and sales of forwards in foreign exchange totaled USD 150.3 billion. Purchases and sales of forwards were USD 114.0 billion and USD 36.3 billion respectively(see Chart 4-8). Short-term 6-month transactions accounted for 71 percent of the total transactions, up 6.4 percent from this time in the last year. In the inter-bank foreign-exchange market, forwards totaled USD 42.8 billion.

Chart 4-8 The Trading Volume of Purchases and Sales of Forward Foreign-Exchange Transactions in the Client Market

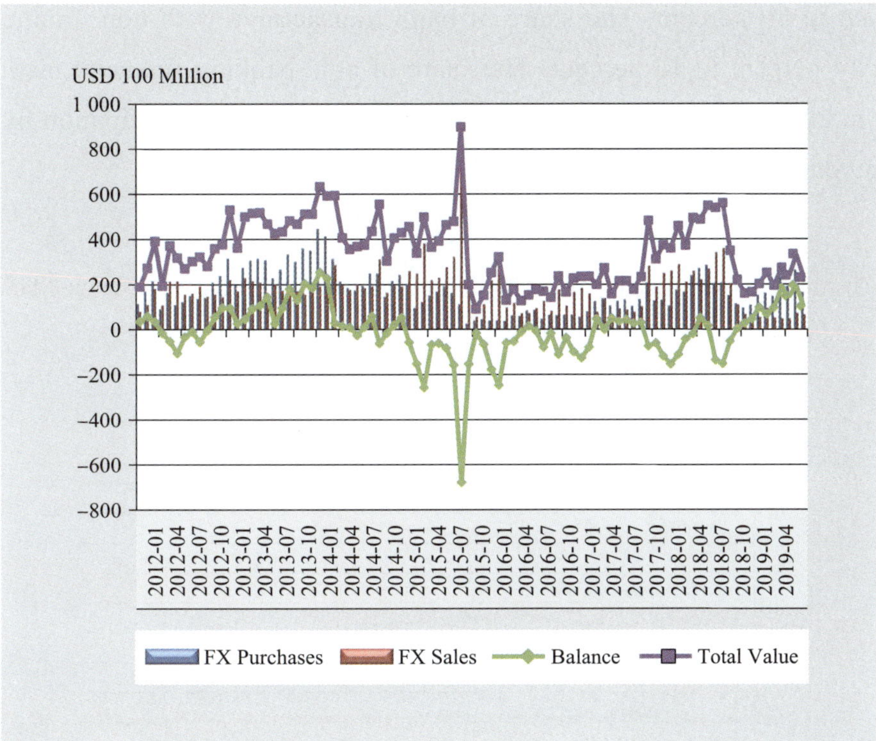

Source: SAFE.

Swap transactions continued to rise. In the first half of 2019, cumulative foreign-exchange and currency-swap transactions totaled USD 8.98 trillion, up 18 percent from the same period of the last year. Cumulative foreign-exchange and currency-swap transactions in the client market reached USD 56.9 billion,up 77 percent from the previous year. Spot purchases/forward sales and spot sales/forward purchases reached USD 50.7 billion and USD 6.2 billion, respectively, up 95 percent and 1 percent from the same period of the last year, respectively. The cumulative foreign-exchange and currency-swap transactions in the inter-bank market reached USD 8.93 trillion, up 18 percent from the same period of the last year. Swap transactions are an important tool for banks to manage liquidity in domestic and foreign currencies.

Options transactions continued to rise. In the first half of 2019, the trading volume of options totaled USD 452.0 billion, up 27 percent from the same period of the last year. The client market saw a total trading volume of USD 133.6 billion, up 22 percent. The inter-bank market saw a total trading volume of USD 318.4 billion, up 29 percent.

The structure of the foreign-exchange market participants remained stable. Proprietary transactions by banks continued to dominate (see Chart 4–9). In the first half year of 2019, the share of inter–bank transactions among all foreign–exchange transactions, which were 85 percent in 2018, was up to 86 percent. The share of bank transactions with non–financial customers declined from 14 percent to 12 percent. The share of non–banking financial institutions, which was 1 percent in 2018, was up to 2 percent, indicating that market participation by non–banking financial institutions was still limited.

Chart 4–9　The Structure of the Participants in China's Foreign–Exchange Markets

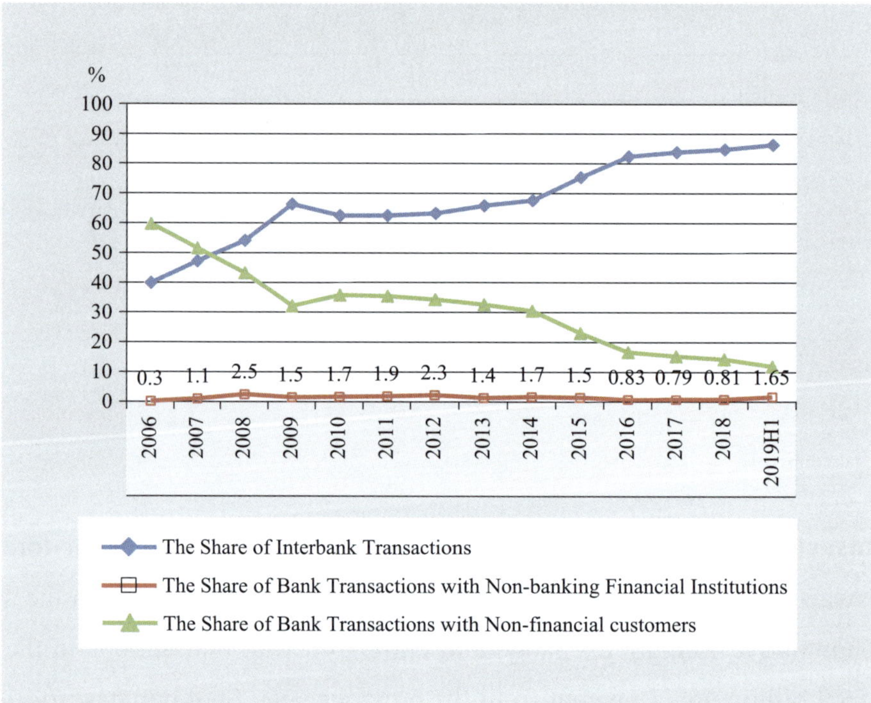

Sources: SAFE, CFETS.

Table 4–1　Transactions in the RMB/Foreign–Exchange Market, the First Half of 2019

Product	Trading Volume (USD 100 million)
Spot	**56 426**
Client Market	**16 403**
Interbank Foreign Exchange Market	**40 024**
Forward	**1 931**
Client Market	**1 503**
Less than 3 months (including 3 months)	759

(Continue)

Product	Trading Volume (USD 100 million)
3 months to 1 year (including 1 year)	632
More than 1 year	113
Interbank Foreign Exchange Market	**428**
Less than 3 months (including 3 months)	322
3 months to 1 year (including 1 year)	91
More than 1 year	14
Foreign Exchange and Currency Swaps	**89 824**
Client Market	**569**
Interbank Foreign Exchange Market	**89 255**
Less than 3 months (including 3 months)	78 492
3 months to 1 year (including 1 year)	10 293
More than 1 year	470
Options	**4 520**
Client Market	**1 336**
Foreign Exchange Call Options/RMB Put Options	677
Foreign Exchange Put Options/RMB Call Options	659
Less than 3 months (including 3 months)	512
3 months to 1 year (including 1 year)	706
More than 1 year	119
Interbank Foreign Exchange Market	**3 184**
Less than 3 months (including 3 months)	2 058
3 months to 1 year (including 1 year)	1 110
More than 1 year	16
Total	**152 702**
Client Market	**19 812**
Interbank Foreign Exchange Market	**132 890**
Including: Spots	56 426
Forwards	1 931
Foreign Exchange and Currency Swaps	89 824
Options	4 520

Note: The trading volumes here are all unilateral transactions and the data employ rounded-off numbers.

Sources: SAFE, CFETS.

V

Outlook for the Balance of Payments

In the second half of 2019, there are still many uncertain factors in the external environment, but the internal foundation of the Chinese economy is stable, the ability for autonomous adjustments in the balance of payments has been enhanced, and it is expected to continue to maintain a basic balance.

The current account is expected to remain within a reasonable range throughout the year, and the pattern of a small surplus is likely to continue. From the perspective of major items, first, trade in goods will maintain a certain surplus, and changes in exports and imports will stabilize. Recently, the IMF predicted that the global economic growth rate in 2019 will slow down by 0.4 percentage point compared with that in 2018. The fall in foreign demand will affect China's export growth. In addition, the Commodity Price Index (including fuel and non-fuel) compiled by the IMF shows that the value in 2019 is expected to be 7 percent lower than that in 2018, while in 2018 it was up by 13 percent compared to that in 2017. The stable import price and the shift in the domestic economy to high-quality development will stabilize the growth rate of imports. Second, the services trade deficit will continue to stabilize. In the first half of the year, the travel deficit narrowed, indicating that after a certain extent of consumption upgrading, the demand for cross-border tourism and study abroad may scale back from the current high level to a stable range, which is consistent with the historical experience of other countries. Third, the overall situation for investment income will be improved. In recent years, China's outward investment structure has been further optimized, and the proportion of overseas investments in the form of direct investments has increased, which helps to increase the income of China's overseas investments.

The willingness of foreign capital to invest in China is still strong. First, the expectations of the international market about the Chinese economy on the whole is still positive. Since the third quarter, the CD price of Chinese Treasury Bonds traded in the international market has been around 40. It was over 60 at the end of 2018, and close to 150 at the beginning of 2016. The current low price indicates that the market believes that the default risks are small, and there are more optimistic prospects for the Chinese economy. Second, the domestic business environment has been further improved, which is conducive to stabilizing medium and long-term capital inflows such as direct investments. Since this year, China has promulgated a *Foreign Investment Law*, revised the negative list for foreign-investment access, and continued to promote the liberalization and facilitation of cross-border investments. Third, the openness of the domestic market will be further improved, which will continue to promote inflows of securities investments.

At present, the scale of the domestic bond and stock market is among the highest of the world, but the proportion of foreign investors is still low. With the increasing internationalization of the domestic capital market, portfolio investment capital will maintain a trend of a net inflow.

Cross-border capital flows will remain stable, with a solid market foundation. In the future, the international environment will remain complex and changeable, with problems such as a slowdown of global economic growth, the rise of trade protectionism, instability in the international political structure, and an increase in potential risks in the financial market. However, compared with historical experiences, the market foundation for stable cross-border capital flows in China is more solid. On the one hand, the external debt structure is optimized and deleveraging pressures are reduced. At present, the proportion of medium and long-term foreign debt in China has increased compared with the end of 2014. In recent years, the growth of debt securities has been rapid, which reflects the need for diversified asset allocations for foreign investors, with relatively high stability. On the other hand, Chinese enterprises, individuals, and other market entities are more rational in foreign investments and in holding foreign-exchange assets. This shows that, in recent years, the two-way floating of the RMB exchange rate has played an important role in the cultivation of rational market expectations, the ability to autonomously adjust the balance of payments has been further strengthened, and the "automatic stabilizer" role of exchange rate adjustments in the balance of payments has been enhanced.

Box 4

Evolution in the Stage of China's Balance-of-Payments Structure

With economic development, a country's BOP structure will constantly evolve. In this respect, there are some theoretical issues involved. For example, in the 1950s some scholars proposed that the balance of payments would be transformed from a low level to a high level with the development of the domestic economy. This analysis was then refined and summarized as the BOP Life Cycle Theory. According to this theory, in the process of economic development, a country's balance of payments will undergo four stages: young debtor country, mature debtor country, young creditor country, and mature creditor country. In this process, the current account will also have four stages: deficit, equilibrium, surplus, and then a basic balance, while the capital and financial account will show the opposite changes. In terms of the specific performance, with the development of industrialization, trade in goods will gradually experience a deficit, a deficit to a surplus, rapid expansion of a surplus, and a decrease of the surplus (due to the centralized development of high-end manufacturing industry and the ban or transfer of low-end manufacturing industry). Net external liabilities will subsequently turn to net assets and investment income will change from a deficit to a surplus.

Based on international experience, with the evolution of the BOP structure, the BOP situation will become increasingly stable. In the process of manufacturing and economic development, the traditional industrial countries, such as the United States, Germany, and Japan all experienced a transition from a debtor country to a creditor country. Korea, Taiwan of China, and other emerging industrial economies followed a similar path. Among them, the U.S. balance of payments developed into a pattern of "current account deficit, capital and financial account surplus."But it also has its own characteristics. In addition, most developing countries have been at the stage of debtor countries for many years due to their relatively inadequate development of industry. Therefore, there are many cases of a BOP crisis due to the persistent large deficit in the current account.

Since the reform and opening, China's balance of payments has gradually evolved from the primary stage to a more mature stage. Before 1990, at the beginning of China's reform and opening, domestic productivity had to be improved, many commodities were imported, the current account was in deficit, and China was at the stage of a young debtor country. From 1990 to 2000, with the gradual development of the economy, the current account began to be dominated by surpluses, and the balance of payments stepped onto the stage of a mature debtor country. After China's accession to the World Trade Organization in 2001, the capacity of the domestic manufacturing industry improved significantly, the surplus in the current account expanded rapidly, and net external assets accumulated accordingly. Since 2010, China's national income and consumption capacity have been improved, its manufacturing industry has gradually been transformed to the middle and high-end, the current account has become more balanced, and net external assets have remained basically stable (see ChartC4-1). The BOP structure has evolved to a more mature stage.

Chart C4-1 Changes in China's Current Account, Net External Assets, and Investment Income

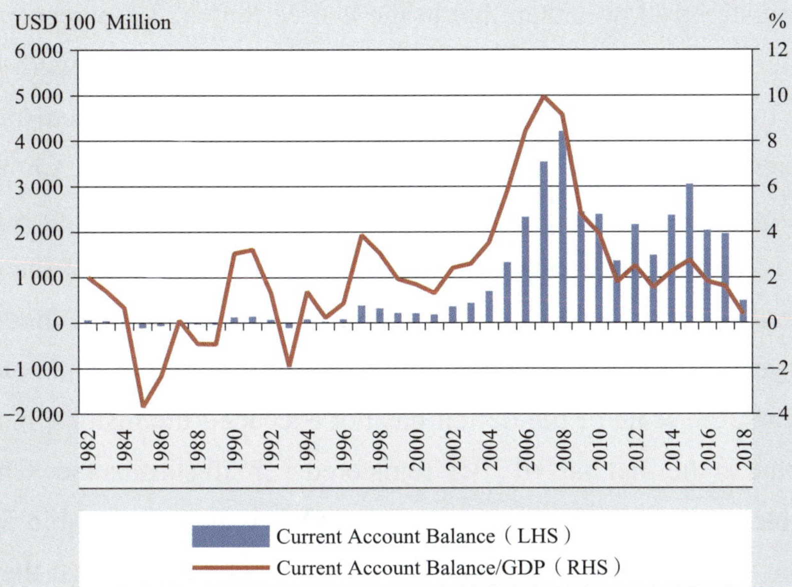

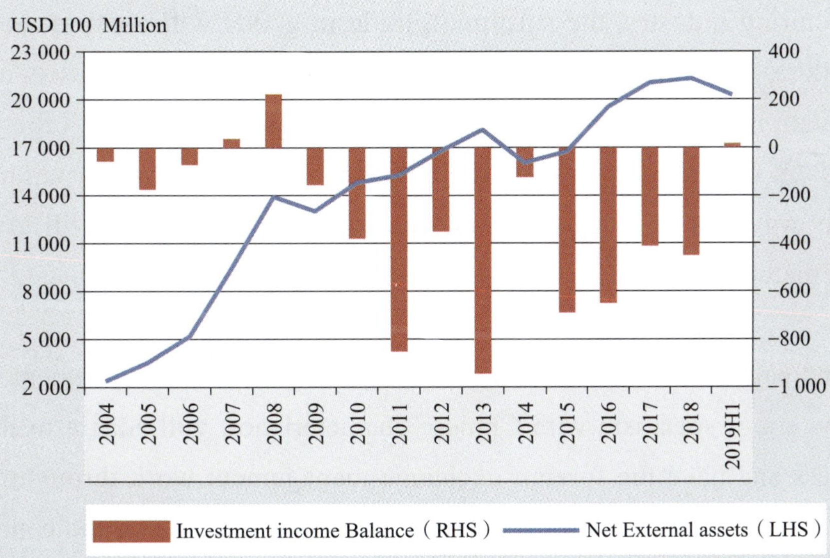

Sources: SAFE, NBS.

Influenced by the dual factors of the economic development stage and the structure of external assets and liabilities, China's investment income has been in a deficit for a long time, but its structure has been improving in recent years. In terms of external assets, although reserve assets with strong liquidity are the main component, the average annual rate of return on outward investments of China from 2005 to 2018 was 3.3 percent, basically the same as that in Japan, but higher than that in Britain (2.1 percent), Germany (3.0 percent), and slightly lower than that in the United States (3.7 percent), while the rates of return on external assets of the other major emerging economies were basically lower than 3 percent. In terms of external liabilities, China's average annual rate of return on external liabilities from 2005 to 2018 was 6.0 percent, significantly higher than the 2.4 percent in the United States, the 1.5 percent in Japan, the 2.6 percent in South Korea, and the 3.9 percent in South Africa, respectively, and the rates in most of the other emerging economies were lower than 3 percent. Therefore, China's investment income has been in deficit for most years in this century due to the relatively high returns on external liabilities. But in recent years, the scale of the deficit has not exceeded the historic high of 2013, and investment income in the first half of 2019 registered a small surplus (see ChartC4-1).

On the whole, China's BOP structure will be more mature and stable in the future. On the one hand, the current account will maintain a basic balance. Against the background of a continuous improvement in the manufacturing base and the transformation and upgrading of the manufacturing industry, the surplus in trade in goods will continue at a reasonable level. Furthermore, with the optimization of the structure of external assets and liabilities, the overall situation for investment income will be improved. On the other hand, a new pattern in China's opening-up has gradually formed, so cross-border capital flows will maintain a two-way and basic balance, and the balance of payments will gradually move toward a more mature stage.

In the second half of 2019, the foreign-exchange administration department will, guided by Xi Jinping's new era of socialism with Chinese characteristics, will adhere to the general tone of steady progress and have the foreign exchange management work throughout the national economic cycle coordinate, plan, and make further improvements; serve the country's ability to fully open up new patterns, promote the reform and opening up of key areas of foreign exchange, and serve the development of the real economy; and adhere to bottom line thinking, prevent cross-border capital flow risks, and safeguard national economic and financial security.

On the one hand, we should maintain the continuity and stability of the foreign-exchange management policies, further promote the liberalization and facilitation of trade and investment, and serve the new pattern of comprehensively opening up the country. We will ensure normal foreign–exchange demands of enterprises and individuals, continue to provide support for production and operation activities by enterprises, such as imports and exports, profit distributions, and cross–border two–way investments, and we will continue to meet the actual needs of individuals in terms of overseas tourism and study abroad. At the same time, we will expand the pilot areas for facilitation of a trade balance and support prudent and compliant banks to provide more convenient services for enterprises with good credit. We will overall plan and strengthen top–level design, and support regional open innovation and special regional construction. We will continue to deepen the reform of "regulatory services" and optimize the online administrative licensing system. We will steadily and orderly promote the opening up of capital projects, implement the management of national treatment plus a negative list before the entry of direct investments, improve the QFII / RQFII system, and deepen the centralized operation and management of the funds of multinational companies. We will establish and improve an open and competitive foreign–exchange market, increase the depth of the foreign–exchange market, expand trading entities, enrich trading tools, expand the scope of trading, promote a market opening, and meet the risk aversion needs of various entities. We will improve the management of foreign–exchange reserves and ensure their safety, liquidity, value maintenance, and appreciation. We will promote the diversified use of foreign–exchange reserves for high–quality development.

On the other hand, we should maintain stability in the foreign–exchange market, guard against the risks of cross–border capital flows and safeguard national economic and financial security. We will improve the "macro prudential + micro regulatory" management framework for cross–border capital flows, strengthen monitoring and early warnings in the foreign–exchange market, research and enrich the macro Prudential Management Toolbox, and further enhance the ability to prevent and control the risks of external shocks. We will continue to crack down on violations of the laws and regulations in the foreign– exchange market, focus on malicious violations, such as underground banks and fraudulent transactions, and maintain a healthy, stable, and strong foreign–exchange market order. We will continue to lay a solid foundation for foreign–exchange management, improve the balance of payments statistical system, strengthen off–site regulatory capacity, and establish a digital information regulatory platform.

附录　统计资料

Appendix Statistics

一、国际收支 ①

I. Balance of Payments

中国经常项目差额与资本和金融项目差额

China's Current Account Balance & Capital and Financial Account Balance

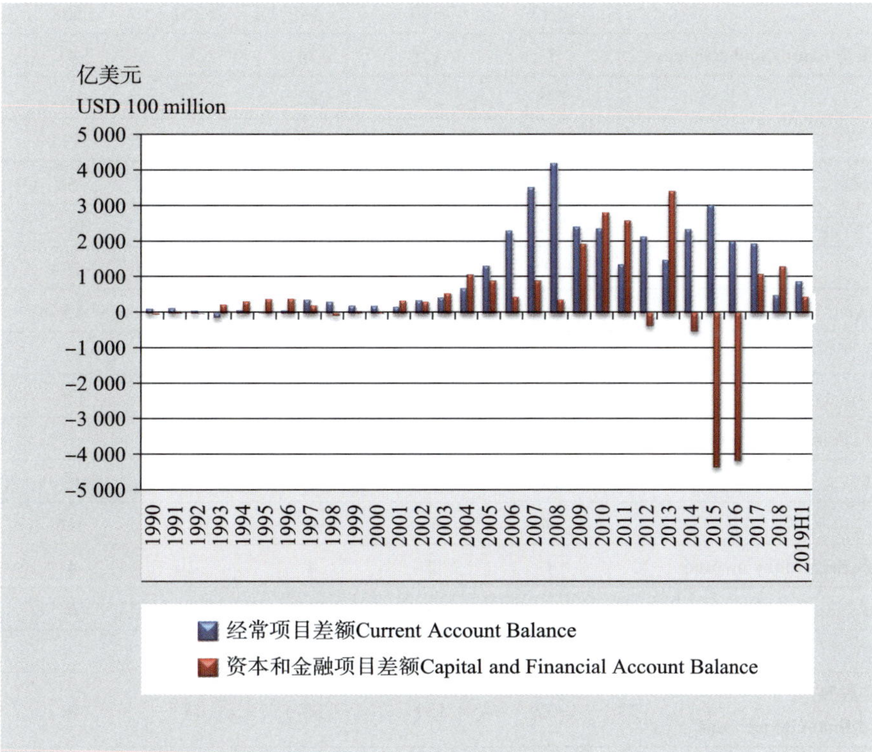

① 资料来源：国家外汇管理局；IMF《国际收支统计》、《国际金融统计》；环亚经济数据库。
Sources: State Administration of Foreign Exchange. IMF, Balance of Payments Statistics, International Financial Statistics. CEIC Database.

中国国际收支概览表（1）

China's Balance of Payments Abridged

单位：亿美元　Unit: USD 100 million

项目 / 年份 Item/Year	1984	1985	1986	1987	1988	1989
1. 经常账户 Current account	**20**	**−114**	**−70**	**3**	**−38**	**−43**
贷方 Credit	273	276	276	354	470	436
借方 Debit	−253	−390	−347	−351	−508	−479
A. 货物和服务 Goods and services	**1**	**−125**	**−74**	**3**	**−41**	**−49**
贷方 Credit	248	258	262	341	449	412
借方 Debit	−247	−383	−336	−338	−490	−461
a. 货物 Goods	**−2**	**−131**	**−90**	**−13**	**−56**	**−72**
贷方 Credit	217	227	223	300	398	350
借方 Debit	−219	−358	−313	−313	−454	−422
b. 服务 Services	**2**	**6**	**16**	**16**	**15**	**23**
贷方 Credit	31	31	39	41	51	62
借方 Debit	−29	−25	−23	−25	−36	−39
B. 初次收入 Primary income	**15**	**8**	**0**	**−2**	**−2**	**2**
贷方 Credit	19	14	9	10	15	19
借方 Debit	−4	−5	−9	−12	−16	−17
C. 二次收入 Secondary income	**4**	**2**	**4**	**2**	**4**	**4**
贷方 Credit	6	4	5	4	6	5
借方 Debit	−2	−2	−1	−2	−1	−1
2. 资本和金融账户 Capital and financial account	**−32**	**139**	**83**	**11**	**48**	**42**
2.1 资本账户 Capital account	**0**	**0**	**0**	**0**	**0**	**0**
贷方 Credit	0	0	0	0	0	0
借方 Debit	**0**	**0**	**0**	**0**	**0**	**0**
2.2 金融账户 Financial account	**−32**	**139**	**83**	**11**	**48**	**42**
资产 Assets	−58	50	13	−58	−45	−15
负债 Liabilities	25	89	70	69	93	58
2.2.1 非储备性质的金融账户 Financial account excluding reserve assets	−38	85	65	27	53	64
资产 Assets	−63	−4	−4	−42	−40	7
负债 Liabilities	25	89	70	69	93	58
直接投资 Direct investment	13	13	18	17	23	26
资产 Assets	−1	−6	−5	−6	−9	−8
负债 Liabilities	14	20	22	23	32	34

续表 (Continue)

项目 / 年份 Item/Year	1984	1985	1986	1987	1988	1989
证券投资 Portfolio investment	−16	30	16	11	9	−2
资产 Assets	−17	23	0	−1	−3	−3
负债 Liabilities	1	8	16	12	12	1
金融衍生工具 Financial derivatives (other than reserves) and employee stock options	0	0	0	0	0	0
资产 Assets	0	0	0	0	0	0
负债 Liabilities	0	0	0	0	0	0
其他投资 Other investment	−34	41	32	0	20	40
资产 Assets	−44	−20	1	−34	−28	18
负债 Liabilities	10	62	31	34	49	22
2.2.2 储备资产 Reserve assets	5	54	17	−17	−5	−22
其中：外汇储备 Foreign exchange reserves	7	56	12	−15	−4	−22
3. 净误差与遗漏 Net errors and omissions	**12**	**−25**	**−12**	**−14**	**−10**	**1**

中国国际收支概览表 (2)

China's Balance of Payments Abridged

单位：亿美元 Unit: USD 100 million

项目 / 年份 Item/Year	1990	1991	1992	1993	1994	1995
1. 经常账户 Current account	**120**	**133**	**64**	**−119**	**77**	**16**
贷方 Credit	525	602	736	800	1 121	1 389
借方 Debit	−405	−469	−672	−919	−1 045	−1 373
A. 货物和服务 Goods and services	**107**	**116**	**50**	**−118**	**74**	**120**
贷方 Credit	491	555	668	743	1 046	1 319
借方 Debit	−385	−439	−618	−861	−973	−1 199
a. 货物 Goods	**70**	**62**	**19**	**−143**	**35**	**128**
贷方 Credit	411	460	543	597	844	1 074
借方 Debit	−341	−398	−524	−740	−810	−947
b. 服务 Services	**37**	**54**	**31**	**25**	**39**	**−8**
贷方 Credit	81	95	126	146	202	244
借方 Debit	−44	−41	−94	−120	−163	−252
B. 初次收入 Primary income	**11**	**8**	**2**	**−13**	**−10**	**−118**
贷方 Credit	30	37	56	44	57	52

续表 (Continue)

项目 / 年份 Item/Year	1990	1991	1992	1993	1994	1995
借方 Debit	−20	−29	−53	−57	−68	−170
C. 二次收入 Secondary income	**3**	**8**	**12**	**12**	**13**	**14**
贷方 Credit	4	9	12	13	18	18
借方 Debit	−1	−1	−1	−1	−4	−4
2. 资本和金融账户 Capital and financial account	**−89**	**−65**	**19**	**217**	**21**	**162**
2.1 资本账户 Capital account	**0**	**0**	**0**	**0**	**0**	**0**
贷方 Credit	0	0	0	0	0	0
借方 Debit	**0**	**0**	**0**	**0**	**0**	**0**
2.2 金融账户 Financial account	**−89**	**−65**	**19**	**217**	**21**	**162**
资产 Assets	−138	−160	−59	−109	−367	−247
负债 Liabilities	49	94	77	326	389	409
2.2.1 非储备性质的金融账户 Financial account excluding reserve assets	−28	46	−3	235	326	387
资产 Assets	−77	−49	−80	−91	−62	−22
负债 Liabilities	49	94	77	326	389	409
直接投资 Direct investment	27	35	72	231	318	338
资产 Assets	−8	−9	−40	−44	−20	−20
负债 Liabilities	35	44	112	275	338	358
证券投资 Portfolio investment	−2	2	−1	31	35	8
资产 Assets	−2	−3	−5	−6	−4	1
负债 Liabilities	0	6	4	36	39	7
金融衍生工具 Financial derivatives (other than reserves) and employee stock options	0	0	0	0	0	0
资产 Assets	0	0	0	0	0	0
负债 Liabilities	0	0	0	0	0	0
其他投资 Other investment	−52	9	−74	−27	−27	40
资产 Assets	−66	−36	−35	−41	−38	−3
负债 Liabilities	14	45	−38	14	12	43
2.2.2 储备资产 Reserve assets	−61	−111	21	−18	−305	−225
其中：外汇储备 Foreign exchange reserves	−55	−106	23	−18	−304	−220
3. 净误差与遗漏 Net errors and omissions	**−31**	**−68**	**−83**	**−98**	**−98**	**−178**

中国国际收支概览表（3）

China's Balance of Payments Abridged

单位：亿美元 Unit: USD 100 million

项目 / 年份 Item/Year	1996	1997	1998	1999	2000	2001
1. 经常账户 Current account	**72**	**370**	**315**	**211**	**204**	**174**
贷方 Credit	1 645	1 986	1 990	2 124	2 725	2 906
借方 Debit	−1 573	−1 617	−1 675	−1 913	−2 521	−2 732
A. 货物和服务 Goods and services	**176**	**428**	**438**	**306**	**288**	**281**
贷方 Credit	1 548	1 874	1 888	1 987	2 531	2 721
借方 Debit	−1 373	−1 446	−1 449	−1 681	−2 243	−2 440
a. 货物 Goods	**122**	**366**	**456**	**329**	**299**	**282**
贷方 Credit	1 268	1 532	1 637	1 693	2 181	2 329
借方 Debit	−1 147	−1 167	−1 181	−1 364	−1 881	−2 047
b. 服务 Services	**54**	**63**	**−18**	**−23**	**−11**	**−1**
贷方 Credit	280	342	251	294	350	392
借方 Debit	−226	−280	−268	−317	−362	−393
B. 初次收入 Primary income	**−124**	**−110**	**−166**	**−145**	**−147**	**−192**
贷方 Credit	73	57	56	83	126	94
借方 Debit	−198	−167	−222	−228	−272	−286
C. 二次收入 Secondary income	**21**	**51**	**43**	**49**	**63**	**85**
贷方 Credit	24	55	47	54	69	91
借方 Debit	−2	−3	−4	−4	−5	−6
2. 资本和金融账户 Capital and financial account	**83**	**−147**	**−127**	**−33**	**−86**	**−125**
2.1 资本账户 Capital account	**0**	**0**	**0**	**0**	**0**	**−1**
贷方 Credit	0	0	0	0	0	0
借方 Debit	**0**	**0**	**0**	**0**	0	−1
2.2 金融账户 Financial account	**83**	**−147**	**−127**	**−33**	**−86**	**−125**
资产 Assets	−357	−788	−479	−452	−666	−541
负债 Liabilities	440	641	352	419	580	416
2.2.1 非储备性质的金融账户 Financial account excluding reserve assets	400	210	−63	52	**20**	**348**
资产 Assets	−40	−431	−415	−367	−561	−67
负债 Liabilities	440	641	352	419	580	416
直接投资 Direct investment	381	417	411	370	375	374
资产 Assets	−21	−26	−26	−18	−9	−69
负债 Liabilities	402	442	438	388	384	442

续表 (Continue)

项目 / 年份 Item/Year	1996	1997	1998	1999	2000	2001
证券投资 Portfolio investment	17	69	–37	–112	–40	–194
资产 Assets	–6	–9	–38	–105	–113	–207
负债 Liabilities	24	78	1	–7	73	12
金融衍生工具 Financial derivatives (other than reserves) and employee stock options	0	0	0	0	0	0
资产 Assets	0	0	0	0	0	0
负债 Liabilities	0	0	0	0	0	0
其他投资 Other investment	2	–276	–437	–205	–315	169
资产 Assets	–13	–396	–350	–244	–439	208
负债 Liabilities	15	120	–86	39	123	–39
2.2.2 储备资产 Reserve assets	–317	–357	–64	–85	–105	–473
其中：外汇储备 Foreign exchange reserves	–315	–349	–51	–97	–109	–466
3. 净误差与遗漏 Net errors and omissions	**–155**	**–223**	**–187**	**–178**	**–119**	**–49**

中国国际收支概览表 (4)

China's Balance of Payments Abridged

单位：亿美元　Unit: USD 100 million

项目 / 年份 Item/Year	2002	2003	2004	2005	2006	2007
1. 经常账户 Current account	**354**	**431**	**689**	**1 324**	**2 318**	**3 532**
贷方 Credit	3 551	4 825	6 522	8 403	10 779	13 832
借方 Debit	–3 197	–4 395	–5 833	–7 080	–8 460	–10 300
A. 货物和服务 Goods and services	**374**	**358**	**512**	**1 246**	**2 089**	**3 080**
贷方 Credit	3 330	4 480	6 074	7 733	9 917	12 571
借方 Debit	–2 956	–4 121	–5 562	–6 487	–7 828	–9 490
a. 货物 Goods	**377**	**398**	**594**	**1 301**	**2 157**	**3 117**
贷方 Credit	2 868	3 966	5 429	6 949	8 977	11 316
借方 Debit	–2 491	–3 568	–4 835	–5 647	–6 820	–8 199
b. 服务 Services	**–3**	**–40**	**–82**	**–55**	**–68**	**–37**
贷方 Credit	462	513	645	785	941	1 254
借方 Debit	–465	–553	–727	–840	–1 008	–1 291
B. 初次收入 Primary income	**–149**	**–102**	**–51**	**–161**	**–51**	**80**
贷方 Credit	83	161	206	393	546	835

续表 (Continue)

项目 / 年份 Item/Year	2002	2003	2004	2005	2006	2007
借方 Debit	−233	−263	−257	−554	−597	−754
C. 二次收入 Secondary income	**130**	**174**	**229**	**239**	**281**	**371**
贷方 Credit	138	185	243	277	316	426
借方 Debit	−8	−10	−14	−39	−35	−55
2. 资本和金融账户 Capital and financial account	**−432**	**−513**	**−819**	**−1 553**	**−2 355**	**−3 665**
2.1 资本账户 Capital account	**0**	**0**	**−1**	**41**	**40**	**31**
贷方 Credit	0	0	0	42	41	33
借方 Debit	0	0	−1	−1	−1	−2
2.2 金融账户 Financial account	**−432**	**−512**	**−818**	**−1 594**	**−2 395**	**−3 696**
资产 Assets	−932	−1 212	−1 916	−3 352	−4 519	−6 371
负债 Liabilities	500	699	1 098	1 758	2 124	2 676
2.2.1 非储备性质的金融账户 Financial account excluding reserve assets	**323**	**549**	**1 082**	**912**	453	911
资产 Assets	−177	−150	−16	−845	−1 671	−1 764
负债 Liabilities	500	699	1 098	1 758	2 124	2 676
直接投资 Direct investment	468	494	601	904	1 001	1 391
资产 Assets	−25	0	−20	−137	−239	−172
负债 Liabilities	493	495	621	1 041	1 241	1 562
证券投资 Portfolio investment	−103	114	197	−47	−684	164
资产 Assets	−121	30	65	−262	−1 113	−45
负债 Liabilities	18	84	132	214	429	210
金融衍生工具 Financial derivatives (other than reserves) and employee stock options	0	0	0	0	0	0
资产 Assets	0	0	0	0	0	0
负债 Liabilities	0	0	0	0	0	0
其他投资 Other investment	−41	−60	283	56	136	−644
资产 Assets	−31	−180	−61	−447	−319	−1 548
负债 Liabilities	−10	120	345	502	455	904
2.2.2 储备资产 Reserve assets	−755	−1 061	−1 901	−2 506	−2 848	−4 607
其中：外汇储备 Foreign exchange reserves	−742	−1 060	−1 904	−2 526	−2 853	−4 609
3. 净误差与遗漏 Net errors and omissions	**78**	**82**	**130**	**229**	**36**	**133**

中国国际收支概览表（5）

China's Balance of Payments Abridged

单位：亿美元　Unit: USD 100 million

项目 / 年份 Item/Year	2008	2009	2010	2011	2012	2013
1. 经常账户 Current account	**4 206**	**2 433**	**2 378**	**1 361**	**2 154**	**1 482**
贷方 Credit	16 597	14 006	17 959	22 087	23 933	25 927
借方 Debit	−12 391	−11 574	−15 581	−20 726	−21 779	−24 445
A. 货物和服务 Goods and services	**3 488**	**2 201**	**2 230**	**1 819**	**2 318**	**2 354**
贷方 Credit	14 953	12 497	16 039	20 089	21 751	23 556
借方 Debit	−11 465	−10 296	−13 809	−18 269	−19 432	−21 202
a. 货物 Goods	**3 599**	**2 435**	**2 464**	**2 287**	**3 116**	**3 590**
贷方 Credit	13 500	11 272	14 864	18 078	19 735	21 486
借方 Debit	−9 901	−8 836	−12 400	−15 791	−16 619	−17 896
b. 服务 Services	**−111**	**−234**	**−234**	**−468**	**−797**	**−1 236**
贷方 Credit	1 453	1 226	1 175	2 010	2 016	2 070
借方 Debit	−1 564	−1 460	−1 409	−2 478	−2 813	−3 306
B. 初次收入 Primary income	**286**	**−85**	**−259**	**−703**	**−199**	**−784**
贷方 Credit	1 118	1 083	1 424	1 443	1 670	1 840
借方 Debit	−832	−1 168	−1 683	−2 146	−1 869	−2 624
C. 二次收入 Secondary income	**432**	**317**	**407**	**245**	**34**	**−87**
贷方 Credit	526	426	495	556	512	532
借方 Debit	−94	−110	−88	−311	−477	−619
2. 资本和金融账户 Capital and financial account	**−4 394**	**−2 019**	**−1 849**	**−1 223**	**−1 283**	**−853**
2.1 资本账户 Capital account	**31**	**39**	**46**	**54**	**43**	**31**
贷方 Credit	33	42	48	56	45	45
借方 Debit	−3	−3	−2	−2	−3	−14
2.2 金融账户 Financial account	**−4 425**	**−2 058**	**−1 895**	**−1 278**	**−1 326**	**−883**
资产 Assets	−6 087	−4 283	−6 536	−6 136	−3 996	−6 517
负债 Liabilities	1 662	2 225	4 641	4 858	2 670	5 633
2.2.1 非储备性质的金融账户 Financial account excluding reserve assets	371	1 945	2 822	2 600	**−360**	**3 430**
资产 Assets	−1 291	−280	−1 819	−2 258	−3 030	−2 203
负债 Liabilities	1 662	2 225	4 641	4 858	2 670	5 633
直接投资 Direct investment	1 148	872	1 857	2 317	1 763	2 180
资产 Assets	−567	−439	−580	−484	−650	−730
负债 Liabilities	1 715	1 311	2 437	2 801	2 412	2 909

续表 (Continue)

项目 / 年份 Item/Year	2008	2009	2010	2011	2012	2013
证券投资 Portfolio investment	349	271	240	196	478	529
资产 Assets	252	−25	−76	62	−64	−54
负债 Liabilities	97	296	317	134	542	582
金融衍生工具 Financial derivatives (other than reserves) and employee stock options	0	0	0	0	0	0
资产 Assets	0	0	0	0	0	0
负债 Liabilities	0	0	0	0	0	0
其他投资 Other investment	−1 126	803	724	87	−2 601	722
资产 Assets	−976	184	−1 163	−1 836	−2 317	−1 420
负债 Liabilities	−150	619	1 887	1 923	−284	2 142
2.2.2 储备资产 Reserve assets	−4 795	−4 003	−4 717	−3 878	−966	−4 314
其中：外汇储备 Foreign exchange reserves	−4 783	−3 821	−4 696	−3 848	−987	−4 327
3. 净误差与遗漏 Net errors and omissions	**188**	**−414**	**−529**	**−138**	**−871**	**−629**

中国国际收支概览表 (6)

China's Balance of Payments Abridged

单位：亿美元 Unit: USD 100 million

项目 / 年份 Item/Year	2014	2015	2016	2017	2018	2019H1
1. 经常账户 Current account	**2 360**	**3 042**	**2 022**	**1 951**	**491**	**882**
贷方 Credit	27 434	26 193	24 546	27 450	29 136	14 104
借方 Debit	−25 074	−23 151	−22 524	−25 499	−28 645	−13 222
A. 货物和服务 Goods and services	**2 213**	**3 579**	**2 557**	**2 170**	**1 029**	**791**
贷方 Credit	24 629	23 602	21 979	24 293	26 510	12 686
借方 Debit	−22 416	−20 023	−19 422	−22 123	−25 481	−11 895
a. 货物 Goods	**4 350**	**5 762**	**4 889**	**4 759**	**3 952**	**2 084**
贷方 Credit	22 438	21 428	19 895	22 162	24 174	11 500
借方 Debit	−18 087	−15 666	−15 006	−17 403	−20 223	−9 416
b. 服务 Services	**−2 137**	**−2 183**	**−2 331**	**−2 589**	**−2 922**	**−1 293**
贷方 Credit	2 191	2 174	2 084	2 131	2 336	1 186
借方 Debit	−4 329	−4 357	−4 415	−4 720	−5 258	−2 479
B. 初次收入 Primary income	**133**	**−411**	**−440**	**−100**	**−514**	**37**
贷方 Credit	2 394	2 232	2 258	2 876	2 348	1 289

续表 (Continue)

项目 / 年份 Item/Year	2014	2015	2016	2017	2018	2019H1
借方 Debit	−2 261	−2 643	−2 698	−2 976	−2 862	−1 252
C. 二次收入 Secondary income	**14**	**−126**	**−95**	**−119**	**−24**	**54**
贷方 Credit	411	359	309	282	278	129
借方 Debit	−397	−486	−404	−400	−302	−75
2. 资本和金融账户 Capital and financial account	**−1 692**	**−912**	**272**	**179**	**1 111**	**430**
2.1 资本账户 Capital account	**0**	**3**	−3	−1	−6	−1
贷方 Credit	19	5	3	2	3	1
借方 Debit	−20	−2	−7	−3	−9	−2
2.2 金融账户 Financial account	**−1 691**	**−915**	**276**	**180**	**1 117**	**430**
资产 Assets	−5 806	95	−2 320	−4 239	−3 721	−759
负债 Liabilities	4 115	−1 010	2 596	4 419	4 838	1 190
2.2.1 非储备性质的金融账户 Financial account excluding reserve assets	**−514**	**−4 345**	**−4 161**	**1 095**	**1 306**	**454**
资产 Assets	−4 629	−3 335	−6 756	−3 324	−3 532	−735
负债 Liabilities	4 115	−1 010	2 596	4 419	4 838	1 190
直接投资 Direct investment	1 450	681	−417	278	1 070	352
资产 Assets	−1 231	−1 744	−2 164	−1 383	−965	−467
负债 Liabilities	2 681	2 425	1 747	1 661	2 035	819
证券投资 Portfolio investment	824	−665	−523	295	1 067	230
资产 Assets	−108	−732	−1 028	−948	−535	−390
负债 Liabilities	932	67	505	1 243	1 602	621
金融衍生工具 Financial derivatives (other than reserves) and employee stock options	0	−21	−54	4	−62	1
资产 Assets	0	−34	−65	15	−48	17
负债 Liabilities	0	13	12	−12	−13	−16
其他投资 Other investment	−2 788	−4 340	−3 167	519	−770	−128
资产 Assets	−3 289	−825	−3 499	−1 008	−1 984	105
负债 Liabilities	502	−3 515	332	1 527	1 214	−233
2.2.2 储备资产 Reserve assets	−1 178	3 429	4 437	−915	−189	−24
其中：外汇储备 Foreign exchange reserves	−1 188	3 423	4 487	−930	−182	−25
3. 净误差与遗漏 Net errors and omissions	**−669**	**−2 130**	**−2 295**	**−2 130**	**−1 602**	**−1 312**

2019 年上半年中国国际收支平衡表

China's Balance of Payments in the First Half of 2019

单位：亿美元 Unit: USD 100 million

项目 Item	行次 Line	2019 年上半年 2019H1
1. 经常账户 Current account	1	**882**
贷方 Credit	2	14 104
借方 Debit	3	−13 222
1.A 货物和服务 Goods and services	4	**791**
贷方 Credit	5	12 686
借方 Debit	6	−11 895
1.A. a 货物 Goods	7	**2 084**
贷方 Credit	8	11 500
借方 Debit	9	−9 416
1.A. b 服务 Services	10	**−1 293**
贷方 Credit	11	1 186
借方 Debit	12	−2 479
1.A. b.1 加工服务 Manufacturing services on physical inputs owned by others	13	**78**
贷方 Credit	14	79
借方 Debit	15	−1
1.A. b.2 维护和维修服务 Maintenance and repair services n.i.e	16	**44**
贷方 Credit	17	60
借方 Debit	18	−16
1.A. b.3 运输 Transport	19	**−275**
贷方 Credit	20	221
借方 Debit	21	−497
1.A. b.4 旅行 Travel	22	**−1 104**
贷方 Credit	23	172
借方 Debit	24	−1 275
1.A. b.5 建设 Construction	25	**25**
贷方 Credit	26	70
借方 Debit	27	−45
1.A. b.6 保险和养老金服务 Insurance and pension services	28	**−33**
贷方 Credit	29	20
借方 Debit	30	−53
1.A. b.7 金融服务 Financial services	31	**7**
贷方 Credit	32	19

续表 (Continue)

项目 Item	行次 Line	2019 年上半年 2019H1
借方 Debit	33	−12
1.A. b.8 知识产权使用费 Charges for the use of intellectual property	34	**−141**
贷方 Credit	35	34
借方 Debit	36	−176
1.A. b.9 电信、计算机和信息服务 Telecommunications, computer, and information services	37	**31**
贷方 Credit	38	161
借方 Debit	39	−130
1.A. b.10 其他商业服务 Other business services	40	**99**
贷方 Credit	41	336
借方 Debit	42	−237
1.A. b.11 个人、文化和娱乐服务 Personal, cultural, and recreational services	43	**−14**
贷方 Credit	44	5
借方 Debit	45	−19
1.A. b.12 别处未提及的政府服务 Government goods and services n.i.e	46	**−9**
贷方 Credit	47	8
借方 Debit	48	−18
1.B 初次收入 Primary income	49	**37**
贷方 Credit	50	1 289
借方 Debit	51	−1 252
1.B.1 雇员报酬 Compensation of employees	52	**16**
贷方 Credit	53	72
借方 Debit	54	−56
1.B.2 投资收益 Investment income	55	**15**
贷方 Credit	56	1 208
借方 Debit	57	−1 193
1.B.3 其他初次收入 Other primary income	58	**7**
贷方 Credit	59	9
借方 Debit	60	−3
1.C 二次收入 Secondary income	61	**54**
贷方 Credit	62	129
借方 Debit	63	−75
2. 资本和金融账户 Capital and financial account	64	**430**
2.1 资本账户 Capital account	65	**−1**
贷方 Credit	66	1

续表 (Continue)

项目 Item	行次 Line	2019 年上半年 2019H1
借方 Debit	67	−2
2.2 金融账户 Financial account	68	**430**
资产 Assets	69	−759
负债 Liabilities	70	1 190
2.2.1 非储备性质的金融账户 Financial account excluding reserve assets	71	**454**
资产 Assets	72	−735
负债 Liabilities	73	1 190
2.2.1.1 直接投资 Direct investment	74	**352**
2.2.1.1.1 直接投资资产 Assets	75	**−467**
2.2.1.1.1.1 股权 Equity and investment fund shares	76	−465
2.2.1.1.1.2 关联企业债务 Debt instruments	77	−2
2.2.1.1.2 直接投资负债 Liabilities	78	**819**
2.2.1.1.2.1 股权 Equity and investment fund shares	79	700
2.2.1.1.2.2 关联企业债务 Debt instruments	80	119
2.2.1.2 证券投资 Portfolio investment	81	**230**
2.2.1.2.1 资产 Assets	82	**−390**
2.2.1.2.1.1 股权 Equity and investment fund shares	83	−53
2.2.1.2.1.2 债券 Debt securities	84	−337
2.2.1.2.2 负债 Liabilities	85	**621**
2.2.1.2.2.1 股权 Equity and investment fund shares	86	73
2.2.1.2.2.2 债券 Debt securities	87	548
2.2.1.3 金融衍生工具 Financial derivatives (other than reserves) and employee stock options	88	**1**
2.2.1.3.1 资产 Assets	89	17
2.2.1.3.2 负债 Liabilities	90	−16
2.2.1.4 其他投资 Other investment	91	**−128**
2.2.1.4.1 资产 Assets	92	**105**
2.2.1.4.1.1 其他股权 Other equity	93	−15
2.2.1.4.1.2 货币和存款 Currency and deposits	94	−491
2.2.1.4.1.3 贷款 Loans	95	190
2.2.1.4.1.4 保险和养老金 Insurance, pension, and standardized guarantee schemes	96	−6
2.2.1.4.1.5 贸易信贷 Trade credit and advances	97	590
2.2.1.4.1.6 其他应收款 Other accounts receivable	98	−162
2.2.1.4.2 负债 Liabilities	99	**−233**

续表 (Continue)

项目 Item	行次 Line	2019 年上半年 2019H1
2.2.1.4.2.1 其他股权 Other equity	100	0
2.2.1.4.2.2 货币和存款 Currency and deposits	101	-428
2.2.1.4.2.3 贷款 Loans	102	619
2.2.1.4.2.4 保险和养老金 I nsurance, pension, and standardized guarantee schemes	103	14
2.2.1.4.2.5 贸易信贷 Trade credit and advances	104	-468
2.2.1.4.2.6 其他应付款 Other accounts payable	105	30
2.2.1.4.2.7 特别提款权 Special drawing rights	106	0
2.2.2 储备资产 Reserve assets	107	**-24**
2.2.2.1 货币黄金 Monetary gold	108	0
2.2.2.2 特别提款权 Special drawing rights	109	-1
2.2.2.3 在国际货币基金组织的储备头寸 Reserve position in the IMF	110	2
2.2.2.4 外汇储备 Foreign exchange reserves	111	-25
2.2.2.5 其他储备资产 Other reserve assets	112	0
3. 净误差与遗漏 Net errors and omissions	113	**-1 312**

美国国际收支概览表

Balance of Payments Abridged of United States

单位：10 亿美元　Unit: USD billions

项目 / 年份 Item/Year	2010	2011	2012	2013	2014	2015	2016	2017	2018
一、经常项目差额 Current Account Balance	**-430.70**	**-444.59**	**-426.20**	**-349.54**	**-365.19**	**-407.77**	**-432.87**	**-449.14**	**-488.48**
贷方 Credit	2 624.55	2 982.62	3 095.67	3 212.24	3 341.77	3 207.29	3 183.79	3 433.24	3 701.69
借方 Debit	3 055.26	3 427.21	3 521.87	3 561.79	3 706.96	3 615.06	3 616.66	3 882.38	4 190.17
A. 货物和服务差额 Goods and Services Balance	**-494.66**	**-548.63**	**-536.77**	**-461.88**	**-489.58**	**-498.53**	**-502.00**	**-552.27**	**-622.12**
贷方 Credit	1 853.60	2 127.02	2 218.99	2 293.45	2 376.66	2 266.69	2 215.85	2 351.07	2 500.76
借方 Debit	2 348.26	2 675.65	2 755.76	2 755.33	2 866.24	2 765.22	2 717.85	2 903.34	3 122.87
a. 货物差额 Goods Balance	**-648.68**	**-740.64**	**-741.17**	**-702.24**	**-749.92**	**-761.87**	**-751.05**	**-807.49**	**-891.32**
贷方 Credit	1 290.27	1 499.24	1 562.58	1 592.00	1 635.56	1 511.38	1 456.96	1 553.39	1 672.33
借方 Debit	1 938.95	2 239.88	2 303.75	2 294.25	2 385.48	2 273.25	2 208.01	2 360.88	2 563.65
b. 服务差额 Services Balance	**154.02**	**192.02**	**204.40**	**240.37**	**260.34**	**263.33**	**249.05**	**255.22**	**269.21**
贷方 Credit	563.33	627.78	656.41	701.45	741.09	755.31	758.89	797.69	828.42
借方 Debit	409.31	435.76	452.01	461.08	480.76	491.97	509.84	542.47	559.22

续表 (Continue)

项目 / 年份 Item/Year	2010	2011	2012	2013	2014	2015	2016	2017	2018
B. 初次收入差额 Primary Income Balance	**168.22**	**211.08**	**207.47**	**205.98**	**218.40**	**203.61**	**193.02**	**221.73**	**244.30**
贷方 Credit	680.17	755.94	767.97	792.82	824.55	810.08	830.18	928.12	1 060.36
借方 Debit	511.95	544.86	560.50	586.84	606.15	606.47	637.15	706.39	816.06
C. 二次收入差额 Secondary Income Balance	**−104.26**	**−107.05**	**−96.90**	**−93.64**	**−94.01**	**−112.85**	**−123.90**	**−118.60**	**−110.66**
贷方 Credit	90.78	99.66	108.71	125.97	140.57	130.52	137.77	154.05	140.58
借方 Debit	195.05	206.71	205.61	219.62	234.58	243.37	261.66	272.65	251.24
二、资本项目差额 Capital Account Balance	**−0.16**	**−1.19**	**6.90**	**−0.41**	**−0.05**	**−0.04**	**−0.06**	**24.75**	**9.41**
三、金融项目净贷出 (+) / 净借入 (−) Financial Account Net Lending(+)/Net Borrow(−)	**−448.25**	**−541.51**	**−453.31**	**−400.88**	**−293.67**	**−319.65**	**−387.17**	**−330.17**	**−524.55**
1. 直接投资差额 Direct Investment Balance	**85.79**	**173.12**	**126.90**	**104.67**	**135.67**	**−202.03**	**−181.48**	**24.39**	**−317.72**
1.1 资产 Assets	349.83	436.62	377.24	392.80	387.53	307.06	312.98	379.22	−50.63
1.2 负债 Liabilities	264.04	263.50	250.35	288.13	251.86	509.09	494.46	354.83	267.08
2. 证券投资差额 Portfolio Investment Balance	**−620.82**	**−226.26**	**−498.25**	**−30.69**	**−114.93**	**−53.50**	**−195.06**	**−212.49**	**−109.68**
2.1 资产 Assets	199.62	85.36	248.76	481.30	582.68	160.41	36.29	586.69	210.33
2.2 负债 Liabilities	820.43	311.63	747.01	511.98	697.60	213.91	231.35	799.18	320.01
3. 金融衍生产品 (储备除外) 和雇员认股权差额 Derivatives (other than reserves) and Employee Stock Options Balance	**−14.08**	**−35.01**	**7.06**	**2.22**	**−54.34**	**−27.04**	**7.83**	**23.07**	**−20.26**
4. 其他投资差额 Other Investment Balance	**100.85**	**−453.36**	**−89.02**	**−477.08**	**−260.08**	**−37.09**	**−18.45**	**−165.15**	**−76.90**
4.1 资产 Assets	407.42	−45.33	−453.70	−221.41	−100.10	−258.97	−2.72	218.52	136.93
4.2 负债 Liabilities	306.57	408.04	−364.68	255.67	159.98	−221.88	15.72	383.67	213.83
5. 储备资产差额 Reserve Assets Balance	**1.83**	**15.98**	**4.46**	**−3.09**	**−3.58**	**−6.30**	**2.10**	**−1.70**	**5.00**
四、净误差与遗漏 Net Errors and Omissions	**−15.57**	**−79.75**	**−29.56**	**−54.01**	**67.99**	**81.85**	**47.87**	**92.52**	**−40.47**

德国国际收支概览表

Balance of Payments Abridged of Germany

单位：10 亿美元　Unit: USD billion

项目 / 年份 Item/Year	2010	2011	2012	2013	2014	2015	2016	2017	2018
一、经常项目差额 Current Account Balance	**193.03**	**228.67**	**248.92**	**253.03**	**278.34**	**288.11**	**293.67**	**296.17**	**291.44**
贷方 Credit	1 765.77	2 060.93	1 959.39	2 041.46	2 109.35	1 878.55	1 903.85	2 052.33	2 208.09
借方 Debit	1 572.74	1 832.27	1 710.47	1 788.42	1 831.01	1 590.44	1 610.18	1 756.16	1 916.65
A. 货物和服务差额 Goods and Services Balance	**178.33**	**182.97**	**215.61**	**227.64**	**258.04**	**255.19**	**256.57**	**260.55**	**239.75**
贷方 Credit	1 444.67	1 685.00	1 629.56	1 708.02	1 772.72	1 574.27	1 595.87	1 737.11	1 869.99
借方 Debit	1 266.35	1 502.04	1 413.95	1 480.37	1 514.68	1 319.09	1 339.31	1 476.56	1 630.24
a. 货物差额 Goods Balance	**213.74**	**227.28**	**257.42**	**282.43**	**291.40**	**275.49**	**279.91**	**285.63**	**262.68**
贷方 Credit	1 217.09	1 432.93	1 377.08	1 434.69	1 469.88	1 293.90	1 304.24	1 418.34	1 527.22
借方 Debit	1 003.34	1 205.65	1 119.65	1 152.27	1 178.49	1 018.41	1 024.33	1 132.70	1 264.54
b. 服务差额 Services Balance	**−35.41**	**−44.32**	**−41.81**	**−54.78**	**−33.36**	**−20.30**	**−23.34**	**−25.08**	**−22.93**
贷方 Credit	227.59	252.07	252.48	273.32	302.84	280.37	291.64	318.77	342.77
借方 Debit	263.00	296.39	294.30	328.10	336.20	300.68	314.98	343.85	365.70
B. 初次收入差额 Primary Income Balance	**68.08**	**94.02**	**83.49**	**83.39**	**74.61**	**75.75**	**82.11**	**91.44**	**107.81**
贷方 Credit	264.98	305.14	261.96	253.73	253.30	224.75	235.21	240.02	257.34
借方 Debit	196.90	211.12	178.48	170.34	178.69	148.99	153.10	148.59	149.52
C. 二次收入差额 Secondary Income Balance	**−53.37**	**−48.32**	**−50.18**	**−58.00**	**−54.31**	**−42.83**	**−45.00**	**−55.81**	**−56.12**
贷方 Credit	56.11	70.80	67.87	79.71	83.33	79.53	72.77	75.20	80.76
借方 Debit	109.49	119.12	118.05	137.71	137.64	122.36	117.78	131.01	136.89
二、资本项目差额 Capital Account Balance	**1.62**	**0.60**	**−0.61**	**−0.82**	**4.00**	**−0.02**	**2.27**	**−2.15**	**2.32**
三、金融项目净贷出 (+) / 净借入 (−) Financial Account Net Lending(+)/Net Borrow(−)	**121.61**	**163.79**	**192.55**	**298.82**	**321.10**	**261.81**	**284.94**	**321.37**	**266.63**
1. 直接投资差额 Direct Investment Balance	**60.64**	**10.35**	**33.65**	**26.04**	**87.81**	**68.40**	**46.54**	**53.98**	**53.80**
1.1 资产 Assets	146.69	107.83	99.11	93.45	107.59	130.86	109.16	137.40	159.08
1.2 负债 Liabilities	86.05	97.48	65.46	67.41	19.78	62.46	62.62	83.42	105.28
2. 证券投资差额 Portfolio Investment Balance	**154.11**	**−51.41**	**66.85**	**209.55**	**177.67**	**209.94**	**220.26**	**224.47**	**133.81**
2.1 资产 Assets	230.22	25.56	136.16	181.57	201.45	138.65	107.95	120.14	82.43

续表 (Continue)

项目 / 年份 Item/Year	2010	2011	2012	2013	2014	2015	2016	2017	2018
2.2 负债 Liabilities	76.11	76.97	69.32	−27.98	23.79	−71.29	−112.31	−104.33	−51.38
3. 金融衍生产品（储备除外）和雇员认股权差额 Derivatives (other than reserves) and Employee Stock Options Balance	**17.57**	**39.76**	**30.92**	**31.80**	**50.79**	**33.80**	**32.09**	**13.23**	**27.45**
3.1 资产 Assets	17.57	39.76	30.92	31.80	50.79	33.80	32.09	13.23	27.45
3.2 负债 Liabilities	0.00	0.00	0.00	0.00	0.00	0.00	0.00	0.00	0.00
4. 其他投资差额 Other Investment Balance	**−110.71**	**165.09**	**61.14**	**31.42**	**4.83**	**−50.33**	**−13.95**	**29.69**	**51.57**
4.1 资产 Assets	156.88	194.46	217.56	−226.81	60.62	10.82	195.36	144.18	150.96
4.2 负债 Liabilities	267.59	29.37	156.43	−258.23	55.78	61.15	209.32	114.50	99.39
5. 储备资产差额 Reserve Assets Balance	**2.13**	**3.91**	**1.70**	**1.16**	**−3.30**	**−2.42**	**1.90**	**−1.48**	**0.45**
四、净误差与遗漏 Net Errors and Omissions	**−70.91**	**−61.56**	**−54.06**	**47.77**	**35.46**	**−28.70**	**−9.10**	**25.86**	**−26.67**

英国国际收支概览表

Balance of Payments Abridged of United Kingdom

单位：10 亿美元　Unit: USD billion

项目 / 年份 Item/Year	2010	2011	2012	2013	2014	2015	2016	2017	2018
一、经常项目差额 Current Account Balance	**−83.11**	**−51.44**	**−100.87**	**−142.03**	**−149.41**	**−142.25**	**−140.27**	**−87.90**	**−108.74**
贷方 Credit	988.41	1 150.79	1 096.96	1 098.76	1 124.02	1 026.83	962.78	1 062.24	1 161.30
借方 Debit	−1 071.53	−1 202.24	−1 197.83	−1 240.79	−1 273.43	−1 169.08	−1 103.05	−1 150.13	−1 270.05
A. 货物和服务差额 Goods and Services Balance	**−54.38**	**−29.58**	**−40.44**	**−45.71**	**−48.79**	**−41.35**	**−41.82**	**−30.65**	**−41.15**
贷方 Credit	691.27	802.30	797.32	818.62	856.39	793.89	752.27	795.93	845.92
借方 Debit	−745.65	−831.89	−837.77	−864.33	−905.18	−835.24	−794.10	−826.58	−887.07
a. 货物差额 Goods Balance	**−147.96**	**−151.20**	**−168.61**	**−186.41**	**−200.72**	**−179.96**	**−179.15**	**−176.53**	**−184.10**
贷方 Credit	412.92	486.74	472.90	469.78	482.39	438.08	404.16	436.43	468.00
借方 Debit	−560.88	−637.95	−641.51	−656.19	−683.11	−618.04	−583.30	−612.96	−652.10
b. 服务差额 Services Balance	**93.59**	**121.62**	**128.17**	**140.70**	**151.92**	**138.61**	**137.32**	**145.88**	**142.96**
贷方 Credit	278.35	315.56	324.42	348.83	374.00	355.82	348.12	359.50	377.92
借方 Debit	−184.77	−193.94	−196.26	−208.14	−222.07	−217.20	−210.79	−213.62	−234.97

续表 (Continue)

项目 / 年份 Item/Year	2010	2011	2012	2013	2014	2015	2016	2017	2018
B. 初次收入差额 Primary Income Balance	**1.68**	**10.51**	**−28.13**	**−56.74**	**−62.27**	**−65.55**	**−68.02**	**−30.41**	**−35.52**
贷方 Credit	276.15	328.47	276.24	252.06	240.06	207.14	185.97	241.48	289.01
借方 Debit	−274.47	−317.96	−304.38	−308.80	−302.33	−272.69	−253.99	−271.90	−324.53
C. 二次收入差额 Secondary Income Balance	**−30.42**	**−32.37**	**−32.29**	**−39.58**	**−38.34**	**−35.35**	**−30.42**	**−26.83**	**−32.08**
贷方 Credit	20.99	20.02	23.39	28.08	27.57	25.79	24.54	24.83	26.37
借方 Debit	−51.41	−52.39	−55.68	−67.66	−65.92	−61.14	−54.97	−51.66	−58.45
二、资本项目差额 Capital Account Balance	**−1.10**	**−1.20**	**−0.90**	**−1.90**	**−3.10**	**−3.00**	**−2.20**	**−2.20**	**−3.30**
三、金融项目净贷出 (+) / 净借入 (−) Financial Account Net Lending(+)/Net Borrow(−)	**108.80**	**39.70**	**93.10**	**133.10**	**155.00**	**143.50**	**148.60**	**117.00**	**83.90**
1. 直接投资差额 Direct Investment Balance	**12.33**	**−53.82**	**34.73**	**8.22**	**172.81**	**105.51**	**213.39**	**−16.78**	**15.54**
1.1 资产 Assets	−54.41	−80.83	−12.02	−46.25	113.92	60.18	−52.42	−138.03	−43.11
1.2 负债 Liabilities	66.73	27.01	46.75	54.47	58.89	45.33	265.81	121.25	58.65
2. 证券投资差额 Portfolio Investment Balance	**201.02**	**214.11**	**−274.39**	**284.84**	**−16.52**	**202.62**	**203.17**	**138.60**	**362.79**
2.1 资产 Assets	16.20	149.18	−161.02	107.02	−125.41	38.02	231.88	−95.87	179.74
2.2 负债 Liabilities	184.81	64.93	−113.38	177.82	108.89	164.60	−28.71	234.46	183.05
3. 金融衍生产品 (储备除外) 和雇员认股权差额 Derivatives (other than reserves) and Employee Stock Options Balance	**68.80**	**−7.64**	**65.56**	**−62.73**	**−28.81**	**127.43**	**−30.29**	**−12.58**	**−18.61**
3.1 资产 Assets	–	–	–	–	–	–	–	–	–
3.2 负债 Liabilities	–	–	–	–	–	–	–	–	–
4. 其他投资差额 Other Investment Balance	**−163.37**	**−102.12**	**278.80**	**−90.32**	**37.70**	**−260.76**	**−229.03**	**15.28**	**−251.47**
4.1 资产 Assets	−397.32	−165.51	430.67	392.75	−134.94	184.53	−219.12	−274.62	−235.48
4.2 负债 Liabilities	233.95	63.40	−151.87	−483.07	172.65	−445.29	−9.91	289.89	−15.99
5. 储备资产差额 Reserve Assets Balance	**−10.01**	**−10.87**	**−11.63**	**−6.96**	**−10.14**	**−31.32**	**−8.65**	**−7.53**	**−24.33**
四、净误差与遗漏 Net Errors and Omissions	**−24.52**	**12.98**	**8.74**	**10.87**	**−2.54**	**1.79**	**−6.15**	**−26.85**	**28.09**

巴西国际收支概览表

Balance of Payments Abridged of Brazil

单位：10 亿美元　Unit: USD billion

项目 / 年份 Item/Year	2010	2011	2012	2013	2014	2015	2016	2017	2018
一、经常项目差额 Current Account Balance	**−75.76**	**−76.97**	**−74.06**	**−74.84**	**−104.18**	**−59.43**	**−23.55**	**−9.76**	**−14.51**
贷方 Credit	254.52	320.34	294.49	297.51	281.84	240.51	234.57	269.15	306.10
借方 Debit	330.28	397.31	368.55	372.35	386.02	299.95	258.11	278.91	320.61
A. 货物和服务差额 Goods and Services Balance	**−11.60**	**−9.48**	**−22.59**	**−45.98**	**−54.74**	**−19.28**	**14.59**	**30.18**	**19.64**
贷方 Credit	232.06	292.55	281.26	279.59	264.06	223.87	217.75	251.72	273.06
借方 Debit	243.66	302.03	303.85	325.57	318.80	243.15	203.16	221.54	253.42
a. 货物差额 Goods Balance	**18.43**	**27.56**	**17.26**	**0.39**	**−6.63**	**17.67**	**45.04**	**64.03**	**53.59**
贷方 Credit	201.26	255.44	242.12	241.58	224.10	190.09	184.45	217.24	239.03
借方 Debit	182.83	227.88	224.86	241.19	230.73	172.42	139.42	153.21	185.45
b. 服务差额 Services Balance	**−30.03**	**−37.04**	**−39.85**	**−46.37**	**−48.11**	**−36.95**	**−30.45**	**−33.85**	**−33.95**
贷方 Credit	30.80	37.11	39.14	38.01	39.97	33.78	33.30	34.48	34.02
借方 Debit	60.83	74.15	78.98	84.38	88.07	70.72	63.75	68.33	67.97
B. 初次收入差额 Primary Income Balance	**−67.05**	**−70.48**	**−54.31**	**−32.54**	**−52.17**	**−42.91**	**−41.08**	**−42.57**	**−36.67**
贷方 Credit	17.70	22.88	8.62	12.13	12.85	11.93	11.53	11.98	27.45
借方 Debit	84.75	93.36	62.93	44.67	65.02	54.84	52.61	54.55	64.12
C. 二次收入差额 Secondary Income Balance	**2.90**	**2.98**	**2.84**	**3.68**	**2.72**	**2.75**	**2.94**	**2.63**	**2.52**
贷方 Credit	4.77	4.91	4.62	5.79	4.93	4.71	5.29	5.45	5.59
借方 Debit	1.87	1.92	1.78	2.11	2.21	1.96	2.34	2.82	3.07
二、资本项目差额 Capital Account Balance	**0.24**	**0.26**	**0.21**	**0.32**	**0.23**	**0.46**	**0.27**	**0.38**	**0.44**
三、金融项目净贷出 (+) / 净借入 (−) Financial Account Net Lending(+)/Net Borrow(−)	**−125.00**	**−137.61**	**−92.83**	**−67.88**	**−111.43**	**−56.71**	**−25.65**	**−10.32**	**−12.25**
1. 直接投资差额 Direct Investment Balance	**−61.69**	**−85.09**	**−81.40**	**−54.74**	**−71.14**	**−61.20**	**−65.43**	**−64.06**	**−74.25**
1.1 资产 Assets	26.76	16.07	5.21	14.94	26.04	13.52	12.82	6.27	14.06
1.2 负债 Liabilities	88.45	101.16	86.61	69.69	97.18	74.72	78.25	70.33	88.31
2. 证券投资差额 Portfolio Investment Balance	**−66.91**	**−41.25**	**−15.83**	**−32.28**	**−38.43**	**−22.25**	**19.22**	**15.14**	**11.71**
2.1 资产 Assets	4.74	−16.86	7.40	8.98	2.82	−3.57	−0.60	14.06	3.30

续表 (Continue)

项目 / 年份 Item/Year	2010	2011	2012	2013	2014	2015	2016	2017	2018
2.2 负债 Liabilities	71.65	24.39	23.23	41.26	41.25	18.68	−19.81	−1.07	−8.40
3. 金融衍生产品（储备除外）和雇员认股权差额 Derivatives (other than reserves) and Employee Stock Options Balance	**0.11**	**0.00**	**−0.02**	**−0.11**	**1.57**	**3.45**	**−0.97**	**0.71**	**2.75**
3.1 资产 Assets	−0.36	−0.39	−0.30	−0.50	−7.61	−20.66	−13.87	−8.15	−12.08
3.2 负债 Liabilities	−0.47	−0.38	−0.28	−0.39	−9.18	−24.11	−12.90	−8.86	−14.83
4. 其他投资差额 Other Investment Balance	**3.49**	**−11.27**	**4.42**	**19.26**	**−3.43**	**23.28**	**21.53**	**37.90**	**47.55**
4.1 资产 Assets	40.45	36.05	23.87	38.31	50.67	43.97	33.50	44.42	49.96
4.2 负债 Liabilities	36.96	47.33	19.44	19.05	54.10	20.69	11.97	6.52	2.41
5. 储备资产差额 Reserve Assets Balance	**48.10**	**59.65**	**18.90**	**−5.92**	**10.83**	**1.57**	**9.23**	**5.09**	**2.94**
四、净误差与遗漏 Net Errors and Omissions	**−4.5**	**0.55**	**0.85**	**4.6**	**2.8**	**13.5**	**6.85**	**6.41**	**6.34**

俄罗斯国际收支概览表

Balance of Payments Abridged of Russia

单位：10 亿美元　Unit: USD billion

项目 / 年份 Item/Year	2010	2011	2012	2013	2014	2015	2016	2017	2018
一、经常项目差额 Current Account Balance	**67.45**	**97.27**	**71.28**	**33.43**	**57.51**	**67.78**	**24.47**	**33.16**	**113.81**
贷方 Credit	487.16	629.90	653.99	651.47	627.37	440.32	381.51	468.32	572.46
借方 Debit	419.70	532.63	582.71	618.04	569.85	372.55	357.04	435.16	458.65
A. 货物和服务差额 Goods and Services Balance	**120.87**	**163.40**	**145.08**	**122.31**	**133.65**	**111.25**	**66.26**	**84.19**	**164.51**
贷方 Credit	441.83	573.45	589.77	591.96	562.55	393.03	332.35	411.18	507.83
借方 Debit	320.96	410.05	444.70	469.65	428.90	281.79	266.10	326.99	343.32
a. 货物差额 Goods Balance	**146.99**	**196.85**	**191.66**	**180.57**	**188.93**	**148.40**	**90.21**	**115.42**	**194.45**
贷方 Credit	392.67	515.41	527.43	521.84	496.81	341.42	281.71	353.55	443.07
借方 Debit	245.68	318.55	335.77	341.27	307.88	193.02	191.49	238.13	248.62
b. 服务差额 Services Balance	**−26.12**	**−33.46**	**−46.59**	**−58.26**	**−55.28**	**−37.15**	**−23.96**	**−31.23**	**−29.94**
贷方 Credit	49.16	58.04	62.34	70.12	65.74	51.62	50.64	57.63	64.76
借方 Debit	75.28	91.50	108.93	128.38	121.02	88.77	74.60	88.86	94.70

续表 (Continue)

项目 / 年份 Item/Year	2010	2011	2012	2013	2014	2015	2016	2017	2018
B. 初次收入差额 Primary Income Balance	**−47.10**	**−60.40**	**−67.66**	**−79.60**	**−67.96**	**−37.75**	**−35.50**	**−42.05**	**−41.40**
贷方 Credit	38.06	42.69	47.76	42.18	47.17	37.27	40.51	46.58	52.99
借方 Debit	85.17	103.09	115.42	121.78	115.13	75.02	76.01	88.63	94.39
C. 二次收入差额 Secondary Income Balance	**−6.32**	**−5.72**	**−6.13**	**−9.27**	**−8.18**	**−5.72**	**−6.29**	**−8.98**	**−9.30**
贷方 Credit	7.26	13.77	16.46	17.33	17.64	10.02	8.64	10.56	11.64
借方 Debit	13.58	19.49	22.59	26.61	25.82	15.74	14.93	19.54	20.94
二、资本项目差额 Capital Account Balance	**−0.04**	**0.13**	**−5.22**	**−0.39**	**−42.01**	**−0.31**	**−0.76**	**−0.19**	**−1.11**
三、金融项目净贷出 (+) / 净借入 (−) Financial Account Net Lending(+)/Net Borrow(−)	**21.53**	**76.12**	**25.67**	**46.21**	**130.99**	**68.62**	**10.06**	**12.92**	**77.06**
1. 直接投资差额 Direct Investment Balance	**9.45**	**11.77**	**−1.77**	**17.29**	**35.05**	**15.23**	**−10.22**	**8.20**	**23.11**
1.1 资产 Assets	52.62	66.85	48.82	86.51	57.08	22.09	22.31	36.76	31.93
1.2 负债 Liabilities	43.17	55.08	50.59	69.22	22.03	6.85	32.54	28.56	8.82
2. 证券投资差额 Portfolio Investment Balance	**1.50**	**15.28**	**−17.03**	**11.01**	**39.94**	**26.42**	**−2.36**	**−7.98**	**7.59**
2.1 资产 Assets	3.44	9.84	2.28	11.76	16.74	13.55	0.66	1.26	−1.83
2.2 负债 Liabilities	1.95	−5.44	19.31	0.75	−23.20	−12.87	3.02	9.24	−9.42
3. 金融衍生产品（储备除外）和雇员认股权差额 Derivatives (other than reserves) and Employee Stock Options Balance	**1.84**	**1.39**	**1.36**	**0.35**	**5.26**	**7.12**	**−0.02**	**0.36**	**−0.73**
3.1 资产 Assets	−8.84	−16.44	−16.70	−8.49	−16.52	−20.76	−12.84	−13.79	−11.71
3.2 负债 Liabilities	−10.68	−17.83	−18.05	−8.83	−21.78	−27.89	−12.82	−14.15	−10.97
4. 其他投资差额 Other Investment Balance	**8.74**	**47.68**	**43.11**	**17.57**	**50.74**	**19.85**	**22.67**	**12.34**	**47.09**
4.1 资产 Assets	19.24	83.37	83.70	80.82	24.01	−18.41	−5.45	−8.46	22.25
4.2 负债 Liabilities	10.49	35.69	40.59	63.26	−26.73	−38.25	−28.11	−20.80	−24.84
5. 储备资产差额 Reserve Assets Balance	**36.75**	**12.64**	**30.02**	**−22.08**	**−107.55**	**1.70**	**8.24**	**22.63**	**38.20**
四、净误差与遗漏 Net Errors and Omissions	**−9.13**	**−8.65**	**−10.37**	**−8.90**	**7.94**	**2.86**	**−5.40**	**2.58**	**2.57**

中国国际投资头寸表

China's International Investment Position

单位：亿美元　Unit: USD 100 million

项目 Item	2011 年末	2012 年末	2013 年末	2014 年末	2015 年末	2016 年末	2017 年末	2018 年末	2019 年 6 月末
净头寸	**16 884**	**18 665**	**19 960**	**16 028**	**16 728**	**19 504**	**18 141**	**21 301**	**20 252**
A. 资产	**47 345**	**52 132**	**59 861**	**64 383**	**61 558**	**65 070**	**69 256**	**73 242**	**74 427**
1. 直接投资	**4 248**	**5 319**	**6 605**	**8 826**	**10 959**	**13 574**	**14 730**	**18 990**	**19 522**
1.1 股权	–	–	–	7 408	9 123	11 274	12 413	16 316	16 822
1.2 关联企业债务	–	–	–	1 418	1 836	2 300	2 317	2 674	2 701
2. 证券投资	**2 044**	**2 406**	**2 585**	**2 625**	**2 613**	**3 670**	**4 972**	**4 980**	**5 602**
2.1 股权	864	1 298	1 530	1 613	1 620	2 152	3 075	2 700	3 034
2.2 债券	1 180	1 108	1 055	1 012	993	1 518	1 896	2 279	2 568
3. 金融衍生工具	–	–	–	0	36	52	60	62	80
4. 其他投资	8 495	10 527	11 867	13 938	13 889	16 797	17 136	17 530	16 970
4.1 其他股权	–	–	–	0	1	1	54	54	69
4.2 货币和存款	2 942	3 906	3 751	4 453	3 598	3 653	3 677	3 937	3 982
4.3 贷款	2 232	2 778	3 089	3 747	4 569	5 768	6 372	7 097	6 895
4.4 保险和养老金	–	–	–	0	172	123	101	106	118
4.5 贸易信贷	2 769	3 387	3 990	4 677	5 137	6 145	6 339	5 972	5 382
4.6 其他应收款	552	457	1 038	1 061	412	1 107	593	364	524
5. 储备资产	**32 558**	**33 879**	**38 804**	**38 993**	**34 061**	**30 978**	**32 359**	**31 680**	**32 252**
5.1 货币黄金	530	567	408	401	602	679	765	763	873
5.2 特别提款权	119	114	112	105	103	97	110	107	108
5.3 在国际货币基金组织的储备头寸	98	82	71	57	45	96	79	85	82
5.4 外汇储备	31 811	33 116	38 213	38 430	33 304	30 105	31 399	30 727	31 192
5.5 其他储备资产	–	–	–	0	7	2	5	−2	−3
B. 负债	**30 461**	**33 467**	**39 901**	**48 355**	**44 830**	**45 567**	**51 115**	**51 941**	**54 175**
1. 直接投资	**19 069**	**20 680**	**23 312**	**25 991**	**26 963**	**27 551**	**29 014**	**27 623**	**28 348**
1.1 股权	–	–	–	24 076	24 962	25 370	26 758	25 386	26 066
1.2 关联企业债务	–	–	–	1 915	2 002	2 181	2 256	2 237	2 282
2. 证券投资	**2 485**	**3 361**	**3 865**	**7 962**	**8 170**	**8 111**	**10 439**	**10 964**	**12 633**
2.1 股权	2 114	2 619	2 977	6 513	5 971	5 795	7 166	6 842	8 019
2.2 债券	371	742	889	1 449	2 200	2 316	3 272	4 122	4 614
3. 金融衍生工具	–	–	–	0	53	60	34	60	77
4. 其他投资	**8 907**	**9 426**	**12 724**	**14 402**	**9 643**	**9 844**	**11 628**	**13 294**	**13 117**

续表 (Continue)

项目 Item	2011 年末	2012 年末	2013 年末	2014 年末	2015 年末	2016 年末	2017 年末	2018 年末	2019 年 6 月末
4.1 其他股权	–	–	–	0	0	0	0	0	0
4.2 货币和存款	2 477	2 446	3 466	5 030	3 267	3 166	4 452	4 833	4 417
4.3 贷款	3 724	3 680	5 642	5 720	3 293	3 205	3 922	4 169	4 799
4.4 保险和养老金	–	–	–	0	93	88	100	109	125
4.5 贸易信贷	2 492	2 915	3 365	3 344	2 721	2 883	2 871	3 931	3 463
4.6 其他应付款	106	277	144	207	172	408	184	154	216
4.7 特别提款权	107	107	108	101	97	94	100	97	97

外汇储备

Foreign Exchange Reserves

单位：亿美元 Unit: USD 100 million

年份 Year	外汇储备余额 Foreign Exchange Reserves	外汇储备增加额 Increase of Foreign Exchange Reserves
1990	111	55
1991	217	106
1992	194	−23
1993	212	18
1994	516	304
1995	736	220
1996	1 050	315
1997	1 399	348
1998	1 450	51
1999	1 547	97
2000	1 656	109
2001	2 122	466
2002	2 864	742
2003	4 033	1 168
2004	6 099	2 067
2005	8 189	2 090
2006	10 663	2 475
2007	15 282	4 619
2008	19 460	4 178

续表 (Continue)

年份 Year	外汇储备余额 Foreign Exchange Reserves	外汇储备增加额 Increase of Foreign Exchange Reserves
2009	23 992	4 531
2010	28 473	4 481
2011	31 811	3 338
2012	33 116	1 304
2013	38 213	5 097
2014	38 430	217
2015	33 304	−5 127
2016	30 105	−3 198
2017	31 399	1 294
2018	30 727	−672
2019H1	31 192	465

月度外汇储备余额及其变动情况

Change of Monthly Foreign Exchange Reserves

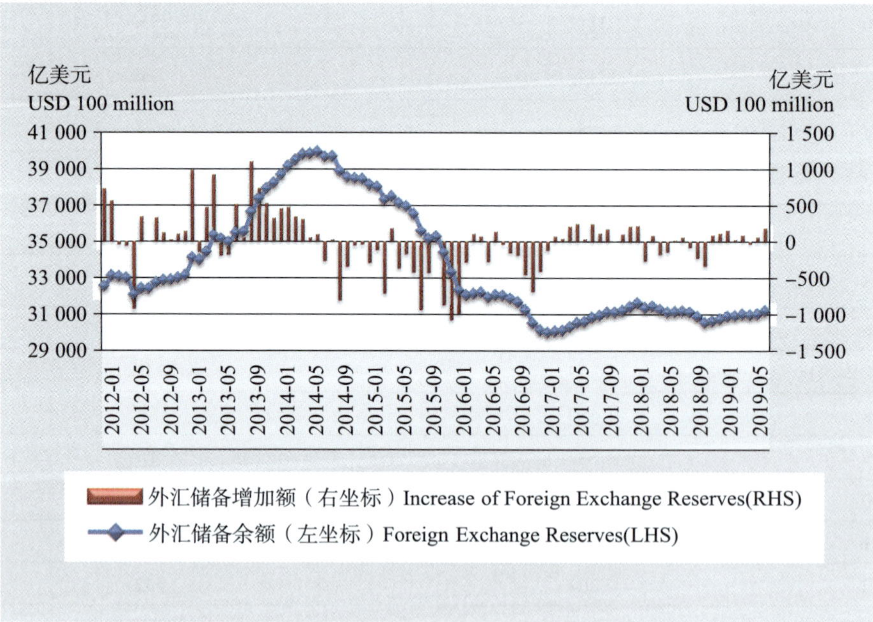

2019 年上半年部分国家和地区外汇储备

Foreign Reserves of Some Countries/Regions, End-the First Half of 2019

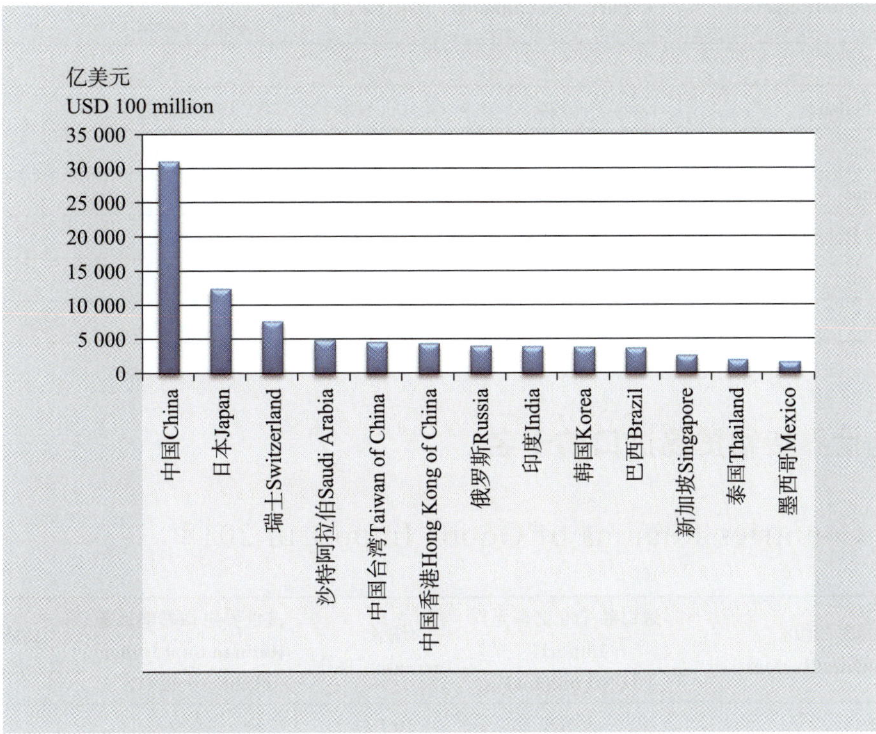

二、对外贸易 ①

II. Foreign Trade

2018 年世界货物贸易出口前十名

Top 10 Countries/Regions of Goods Export in 2018

国家 / 地区 Countries/Regions	出口额（10 亿美元） Export（USD billions）	增长 Increase（%）	占世界出口总额比重 Ratio to total Export of the world（%）	2018 年排名 Ranking in 2018
世界 World	19 293	8.8	100	
1. 中国 P.R.C	2 487	9.9	12.9	1
2. 美国 U.S.A	1 666	7.7	8.6	2
3. 德国 Germany	1 561	7.8	8.1	3

① 数据来源：海关总署；世界贸易组织。
Sources: General Administration of Customs, World Trade Organization.

续表 (Continue)

国家 / 地区 Countries/Regions	出口额（10 亿美元）Export（USD billions）	增长 Increase（%）	占世界出口总额比重 Ratio to total Export of the world（%）	2018 年排名 Ranking in 2018
4. 日本 Japan	738	5.7	3.8	4
5. 荷兰 Netherlands	724	11.0	3.7	5
6. 韩国 Korea	605	5.4	3.1	6
7. 法国 France	582	8.7	3.0	8
8. 中国香港 HongKong of China	568	3.5	3.0	7
9. 意大利 Italy	547	7.7	2.8	9
10. 英国 UK	486	9.1	2.5	10

2018 年世界货物贸易进口前十名

Top 10 Countries/Regions of Goods Import in 2018

国家 / 地区 Countries/Regions	进口额（10 亿美元）Import（USD billions）	增长 Increase（%）	占世界进口总额比重 Ratio to total Import of the world（%）	2018 年排名 Ranking in 2018
世界 World	19 768	10.1%	100%	—
1. 美国 U.S.A	2 612	8.5%	13.2%	1
2. 中国 P.R.C	2 136	15.8%	10.8%	2
3. 德国 Germany	1 285	10.6%	6.5%	3
4. 日本 Japan	748	11.5%	3.8%	5
5. 英国 UK	674	4.7%	3.4%	4
6. 法国 France	673	8.7%	3.4%	6
7. 荷兰 Netherlands	645	12.2%	3.3%	8
8. 中国香港 HongKong of China	627	6.4%	3.2%	7
9. 韩国 Korea	535	11.9%	2.7%	9
10. 印度 India	514	14.3%	2.6%	11

中国进出口总值

China’s Total Value of Import & Export

单位：亿美元　Unit: USD 100 million

年度 Year	进出口 Import & Export	出口 Export	进口 Import	差额 Balance
1983	436	222	214	8
1984	535	261	274	−13

续表 (Continue)

年度 Year	进出口 Import & Export	出口 Export	进口 Import	差额 Balance
1985	696	274	423	−149
1986	738	309	429	−120
1987	827	394	432	−38
1988	1 028	475	553	−78
1989	1 117	525	591	−66
1990	1 154	621	534	87
1991	1 357	719	638	81
1992	1 655	849	806	44
1993	1 957	917	1 040	−122
1994	2 366	1 210	1 156	54
1995	2 809	1 488	1 321	167
1996	2 899	1 511	1 388	122
1997	3 252	1 828	1 424	404
1998	3 239	1 837	1 402	435
1999	3 606	1 949	1 657	292
2000	4 743	2 492	2 251	241
2001	5 097	2 661	2 436	225
2002	6 208	3 256	2 952	304
2003	8 510	4 382	4 128	255
2004	11 546	5 933	5 612	321
2005	14 219	7 620	6 600	1 020
2006	17 604	9 689	7 915	1 775
2007	21 746	12 186	9 560	2 627
2008	25 633	14 307	11 326	2 981
2009	22 075	12 016	10 059	1 957
2010	29 740	15 778	13 962	1 815
2011	36 419	18 984	17 435	1 549
2012	38 671	20 487	18 184	2 303
2013	41 590	22 090	19 500	2 590
2014	43 015	23 423	19 592	3 831
2015	39 530	22 735	16 796	5 939
2016	36 856	20 976	15 879	5 097
2017	41 071	22 633	18 438	4 196
2018	46 230	24 867	21 357	3 509
2019H1	21 618	11 708	9 911	1 795

进出口增长率

Growth Rate of Import & Export

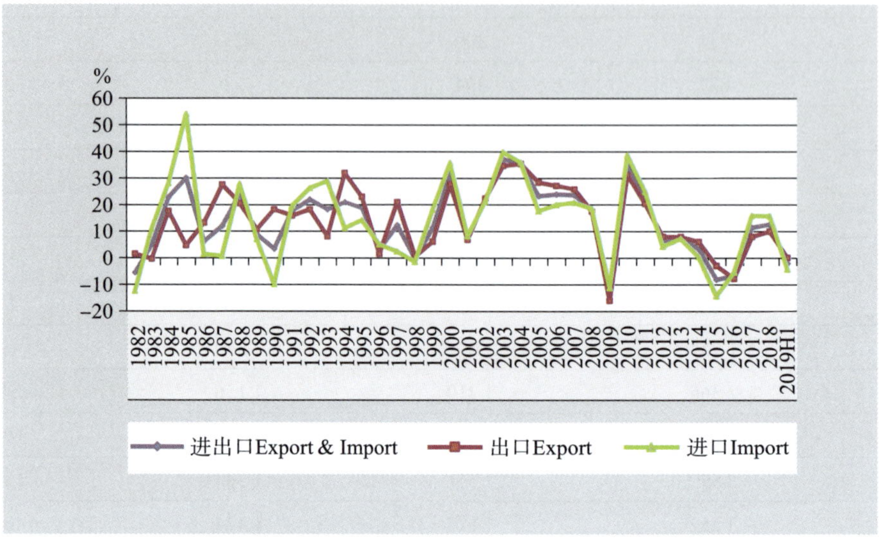

月度进口、出口和进出口差额

Monthly Import, Export, Import & Export Balance

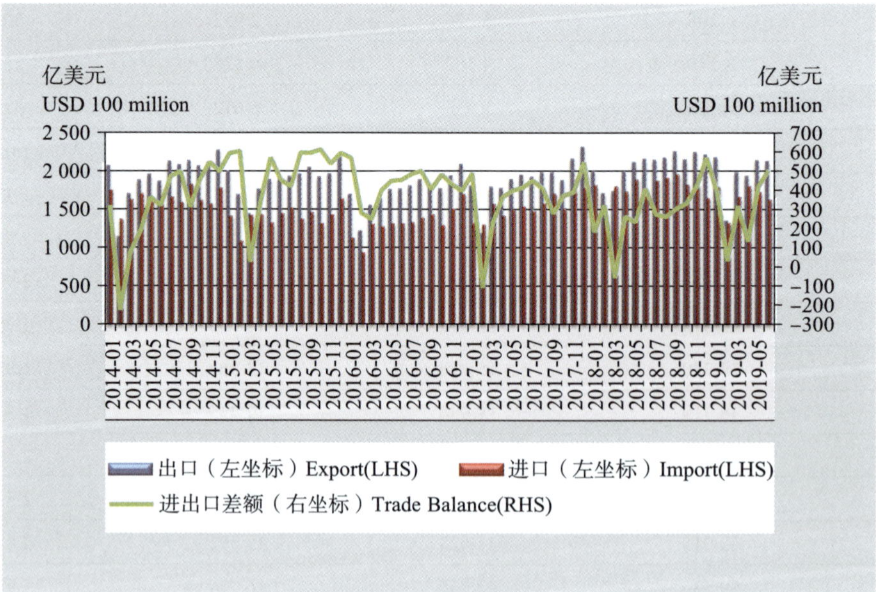

按贸易方式分类进出口

Import & Export by Trading Forms

单位：百万美元 Unit: USD million

贸易方式 Trading Forms	2009	2010	2011	2012	2013	2014	2015	2016	2017	2018	2019H1
进口 Import	**1 005 555**	**1 394 829**	**1 743 458**	**1 817 826**	**1 950 289**	**1 960 290**	**1 681 951**	**1 587 921**	**1 840 982**	**2 135 748**	**991 135**
一般贸易 Ordinary Trade	533 872	767 978	1 007 464	1 021 819	1 109 718	1 109 513	923 188	899 013	1 082 759	1 273 925	604 392
国家间、国际组织间无偿援助和捐赠的物资 Foreign Aid and Donation by Overseas	43	22	16	27	21	38	15	19	3	5	1
其他捐赠物资 Other Donations	136	185	266	338	11	10	48	8	5	69	5
来料加工装配贸易 Processing and Assembling Trade	75 993	99 295	93 635	84 459	87 543	97 537	91 569	85 261	84 614	91 729	43 983
进料加工贸易 Processing with Imported Materials	246 345	318 134	376 161	396 710	409 447	426 843	355 434	311 432	346 607	378 653	150 385
寄售代销贸易 Goods on Consignment	2	2	2	1	0	0	0	0	2	0	0
边境小额贸易 Border trade	7 196	9 634	14 448	15 289	14 065	9 856	7 160	7 019	8 883	9 216	4 797
加工贸易进口设备 Equipment Imported for Processing & Assembling	953	1 212	885	912	969	687	635	463	750	1 062	220
租赁贸易 Goods on Lease	3 448	5 628	5 459	6 760	8 656	10 212	9 041	2 860	3 241	4 304	2 300
外商投资企业作为投资进口的设备物品 Equipment or Materials Imported as Investment by Foreign-invested Enterprises	15 176	16 312	17 508	13 429	9 835	9 059	6 161	4 067	4 450	3 443	2 755
出料加工贸易 Outward Processing Trade	78	126	73	236	252	307	300	265	327	300	156

续表 (Continue)

贸易方式 Trading Forms	2009	2010	2011	2012	2013	2014	2015	2016	2017	2018	2019H1
易货贸易 Barter Trade	8	1	2	0	1	3	3	8	97	0	0
免税外汇商品 Duty Free Commodities on Payment of Foreign Exchange	5	10	13	26	28	20	15	22	21	25	18
保税监管场所进出境货物 Customs Warehousing Trade	54 392	61 099	79 658	83 969	84 844	99 870	88 705	96 773	115 485	150 008	71 538
海关特殊监管区域物流货物 Entrepot Trade by Bonded Area	64 259	109 241	140 831	185 132	218 448	186 689	182 004	158 044	171 264	197 736	96 123
海关特殊监管区域进口设备 Equipment Imported into Export Processing Zone	2 113	3 994	4 741	6 094	3 993	5 133	6 544	4 894	6 441	8 579	4 463
其他 Others	1 535	1 957	2 296	2 624	2 458	2 950	9 510	15 542	15 372	15 828	6 657
出口 Export	**1 201 663**	**1 577 932**	**1 898 600**	**2 048 935**	**2 210 042**	**2 342 747**	**2 274 950**	**2 097 637**	**2 263 522**	**2 486 695**	**1 170 678**
一般贸易 Ordinary Trade	529 833	720 733	917 124	988 007	1 087 553	1 203 682	1 215 697	1 131 043	1 241 351	1 410 981	687 955
国家间、国际组织间无偿援助和捐赠的物资 Foreign Aid and Donation by overseas	291	294	471	551	456	478	493	472	539	701	372
其他捐赠物资 Other Donations	8	3	11	2	8	6	6	6	2	7	3
补偿贸易 Compensation Trade	0	0	0	0	0	0	0	0	0	0	0
来料加工装配贸易 Processing and Assembling Trade	93 423	112 317	107 653	98 866	92 479	90 692	84 097	76 040	80 229	87 731	37 949
进料加工贸易 Processing with Imported Materials	493 558	628 017	727 763	763 913	768 337	793 668	713 692	639 557	679 965	708 805	306 886
寄售代销贸易 Goods on Consignment	6	1	2	4	1	0	0	0	0	0	0
边境小额贸易 Border trade	13 667	16 408	20 203	24 216	30 929	37 207	30 465	26 407	31 065	31 020	13 701

续表 (Continue)

贸易方式 Trading Forms	2009	2010	2011	2012	2013	2014	2015	2016	2017	2018	2019H1
对外承包工程出口货物 Contracting Projects	13 357	12 617	14 923	14 782	16 011	16 326	16 132	13 304	15 373	16 999	7 046
租赁贸易 Goods on Lease	117	145	166	562	305	327	265	192	158	148	87
出料加工贸易 Outward Processing Trade	46	185	198	196	199	235	205	221	206	225	116
易货贸易 Barter Trade	1	1	1	1	2	3	2	2	15	0	0
保税监管场所进出境货物 Customs Warehousing Trade	26 793	35 366	43 294	42 477	46 510	53 288	49 246	38 408	41 485	43 363	22 489
海关特殊监管区域物流货物 Entrepot Trade by Bonded Area	21 476	36 502	49 655	94 819	141 990	110 395	109 580	94 289	99 028	122 741	59 864
其他 Others	9 088	15 343	17 135	20 540	25 262	36 438	55 069	78 212	90 942	78 613	35 118

按企业类型分类进出口

Import & Export by Type of Enterprises

单位：亿美元　Unit: USD 100 million

企业类型 Type of Enterprises	2009	2010	2011	2012	2013	2014	2015	2016	2017	2018	2019H1
进口 Import	**10 056**	**13 948**	**17 435**	**18 178**	**19 503**	**19 603**	**16 820**	**15 879**	**18 410**	**21 357**	**9 911**
国有企业 State-owned Enterprises	2 885	3 876	4 934	4 954	4 990	4 911	4 078	3 608	4 374	5 474	2 638
外商投资企业 Foreign-funded Enterprises	5 452	7 380	8 648	8 712	8 748	9 093	8 299	7 705	8 616	9 321	4 101
中外合作 Sino-foreign Contractual Joint Ventures	66	74	86	82	83	87	62	43	45	44	21
中外合资 Sino-foreign Equity Joint Ventures	1 586	2 095	2 561	2 748	2 842	2 858	2 461	2 238	2 451	2 610	1 165
外商独资 Foreign Investment Enterprises	3 799	5 212	6 002	5 883	5 823	6 149	5 776	5 424	6 119	6 666	2 915

续表 (Continue)

企业类型 Type of Enterprises	2009	2010	2011	2012	2013	2014	2015	2016	2017	2018	2019H1
集体企业 / 私营企业① Collective Enterprises/ Private owned Enterprises	265	349	407	353	4 368	4 475	4 116	4 179	5 013	6 117	2 951
其他 Other Enterprises	1 454	2 343	3 445	4 158	1 397	1 124	326	375	406	445	210
出口 Export	**12 017**	**15 779**	**18 986**	**20 489**	**22 100**	**23 427**	**22 749**	**20 976**	**22 635**	**24 867**	**11 707**
国有企业 State-owned Enterprises	1 910	2 344	2 672	2 563	2 490	2 565	2 424	2 156	2 312	2 573	1 145
外商投资企业 Foreign-funded Enterprises	6 722	8 623	9 953	10 227	10 443	10 747	10 047	9 169	9 776	10 360	4 628
中外合作 Sino-foreign Contractual Joint Ventures	146	165	177	162	157	136	114	99	93	98	36
中外合资 Sino-foreign Equity Joint Ventures	1 824	2 376	2 731	2 873	3 009	3 055	2 825	2 542	2 635	2 774	1 205
外商独资 Foreign Investment Enterprises	4 752	6 082	7 046	7 193	7 277	7 556	7 109	6 529	7 047	7 488	3 387
集体企业 / 私营企业 Collective Enterprises/ Private owned Enterprises	405	499	554	509	8 633	9 547	9 738	9 148	10 044	11 405	5 686
其他 Other Enterprises	2 979	4 314	5 807	7 190	534	958	541	503	504	536	252
差额 Balance	**1 961**	**1 831**	**1 551**	**2 311**	**2 598**	**3 825**	**5 930**	**5 097**	**4 225**	**3 509**	**1 796**
国有企业 State-owned Enterprises	-975	-1 532	-2 262	-2 391	-2 500	-2 346	-1 654	-1 452	-2 062	-2 901	-1 493
外商投资企业 Foreign-funded Enterprises	1 270	1 243	1 305	1 515	1 695	1 654	1 748	1 465	1 160	1 040	527
中外合作 Sino-foreign Contractual Joint Ventures	80	91	91	80	74	49	52	56	48	54	15
中外合资 Sino-foreign Equity Joint Ventures	238	281	170	125	167	197	364	304	184	164	40
外商独资 Foreign Investment Enterprises	953	870	1 044	1 310	1 454	1 407	1 333	1 105	928	822	472

① 2013 年起该项下的数据由集体企业调整为私营企业。Data of Collective Enterprises was replaced by that of Private Owned Enterprises from 2013.

续表 (Continue)

企业类型 Type of Enterprises	2009	2010	2011	2012	2013	2014	2015	2016	2017	2018	2019H1
集体企业 / 私营企业 Collective Enterprises/ Private owned Enterprises	140	150	147	156	4 265	5 072	5 622	4 968	5 030	5 288	2 735
其他 Other Enterprises	1 525	1 971	2 362	3 032	−863	−166	214	128	97	90	42

2019 年上半年按贸易方式分类的进口构成

Components of Import by Trading Forms in the First Half of 2019

2019 年上半年按贸易方式分类的出口构成

Components of Export by Trading Forms in the First Half of 2019

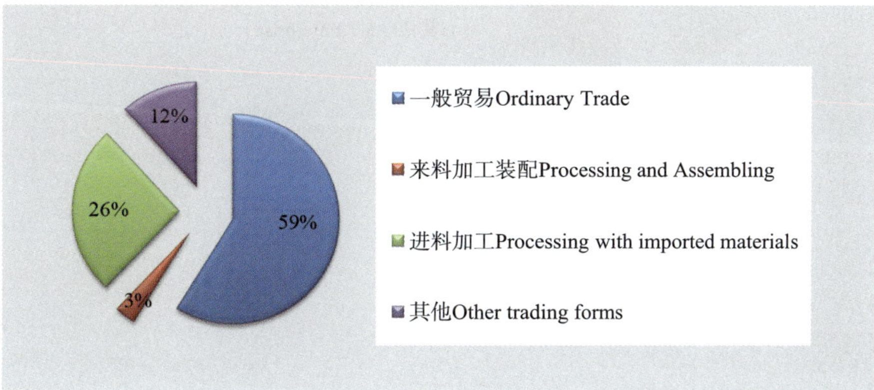

2019 年上半年按企业类型分类的进口构成

Components of Import by Type of Enterprises in the First Half of 2019

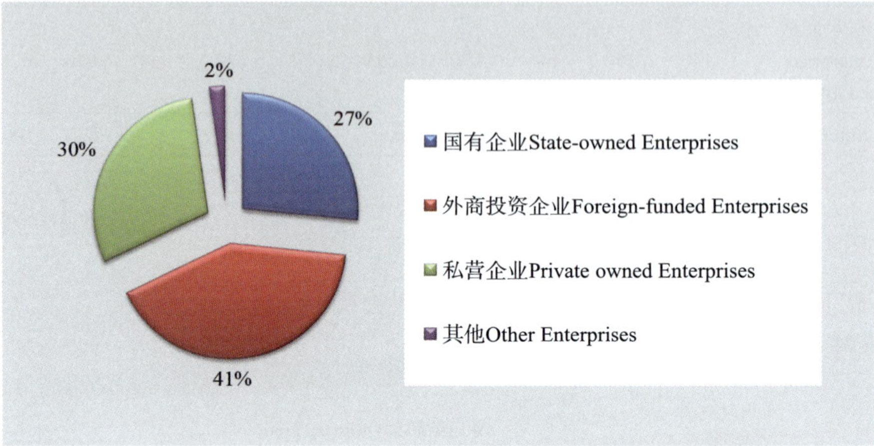

2019 年上半年按企业类型分类的出口构成

Components of Export by Type of Enterprises in the First Half of 2019

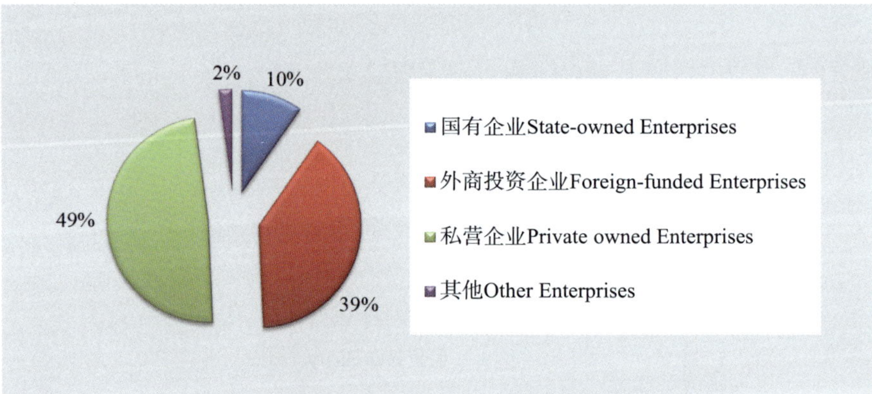

2019 年上半年进出口按贸易方式分类

Import & Export by Trading Forms in the First Half of 2019

单位：亿美元 Unit: USD 100 million

贸易方式 Trading forms	进口 Import		出口 Export		进出口差额 Import & Export Balance
	金额 Value	同比（%）Increase	金额 Value	同比（%）Increase	
总值 Total Value	**9911**	**-4.2**	**11707**	**0.1**	**1796**
一般贸易 Ordinary Trade	6044	-4.1	6880	2.5	836
加工贸易 Processing Trade	1944	-9.5	3448	-6.2	1504
来料加工装配 Processing and Assembling	440	2.0	379	-9.0	-61
进料加工 Processing with imported materials	1504	-12.2	3069	-5.8	1565
其他贸易 Other trading forms	1923	3.2	1379	1.5	-544

2019 年上半年进出口按企业类型分类

Import & Export by Type of Enterprises in the First Half of 2019

单位：亿美元 Unit: USD 100 million

企业类型 Type of Enterprises	进口 Import		出口 Export		进出口差额 Import & Export Balance
	金额 Value	同比（%）Increase	金额 Value	同比（%）Increase	
总值 Total Value	**9911**	**-4.2**	**11707**	**0.1**	**1796**
国有企业 State-owned Enterprises	2638	-2.9	1145	-10.6	-1493
外资企业 Foreign-funded Enterprises	4101	-8.4	4628	-5.0	527
私营和其他企业 Private Owned and other Enterprises	3160	0.7	5938	6.7	2778

2019 年上半年前十位贸易伙伴（按进出口总值）

Top 10 Trading Partners in the First Half of 2019 (Based on the Total Value of Import & Export)

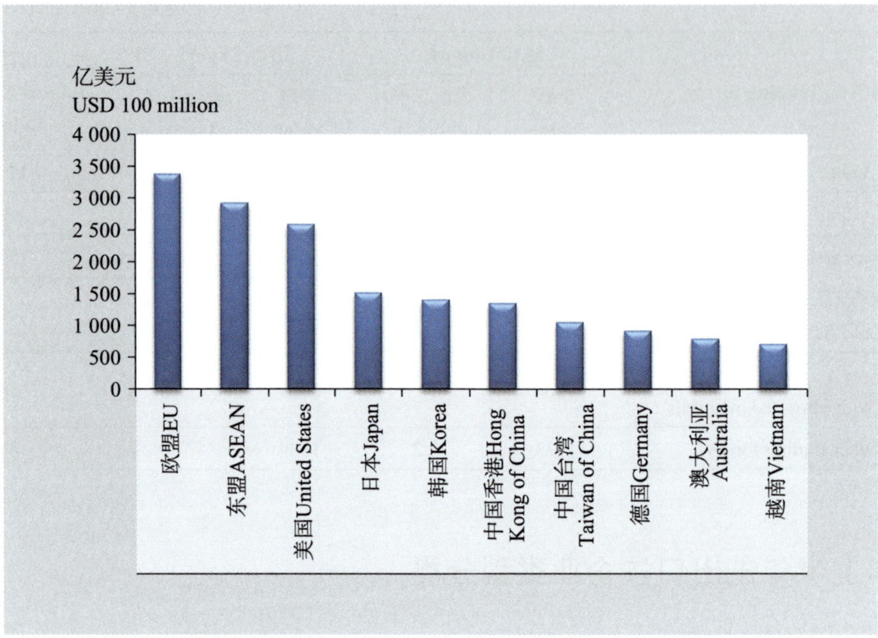

2019 年上半年前十位贸易顺差来源地

Top 10 Sources of Trade Surplus in the First Half of 2019

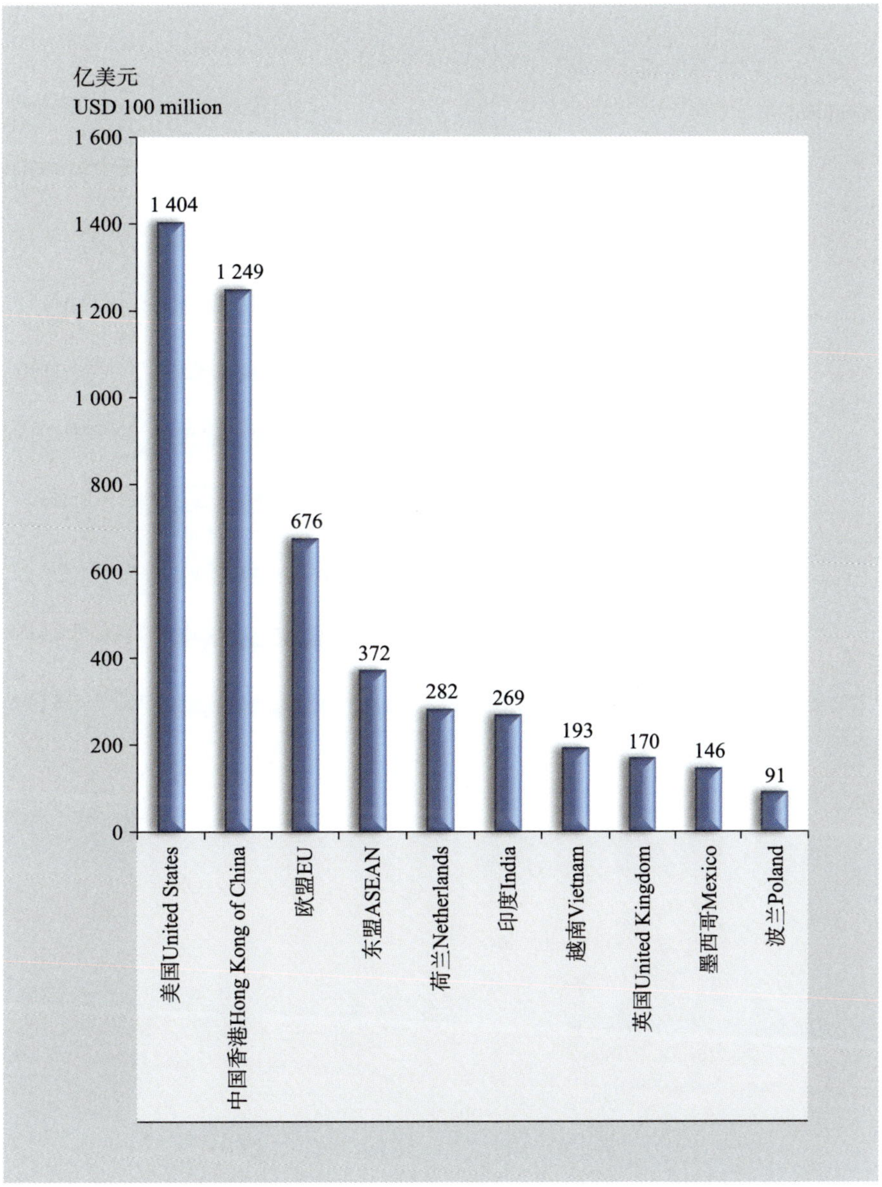

2019 年上半年前十位贸易逆差来源地

Top 10 Sources of Trade Deficit in the First Half of 2019

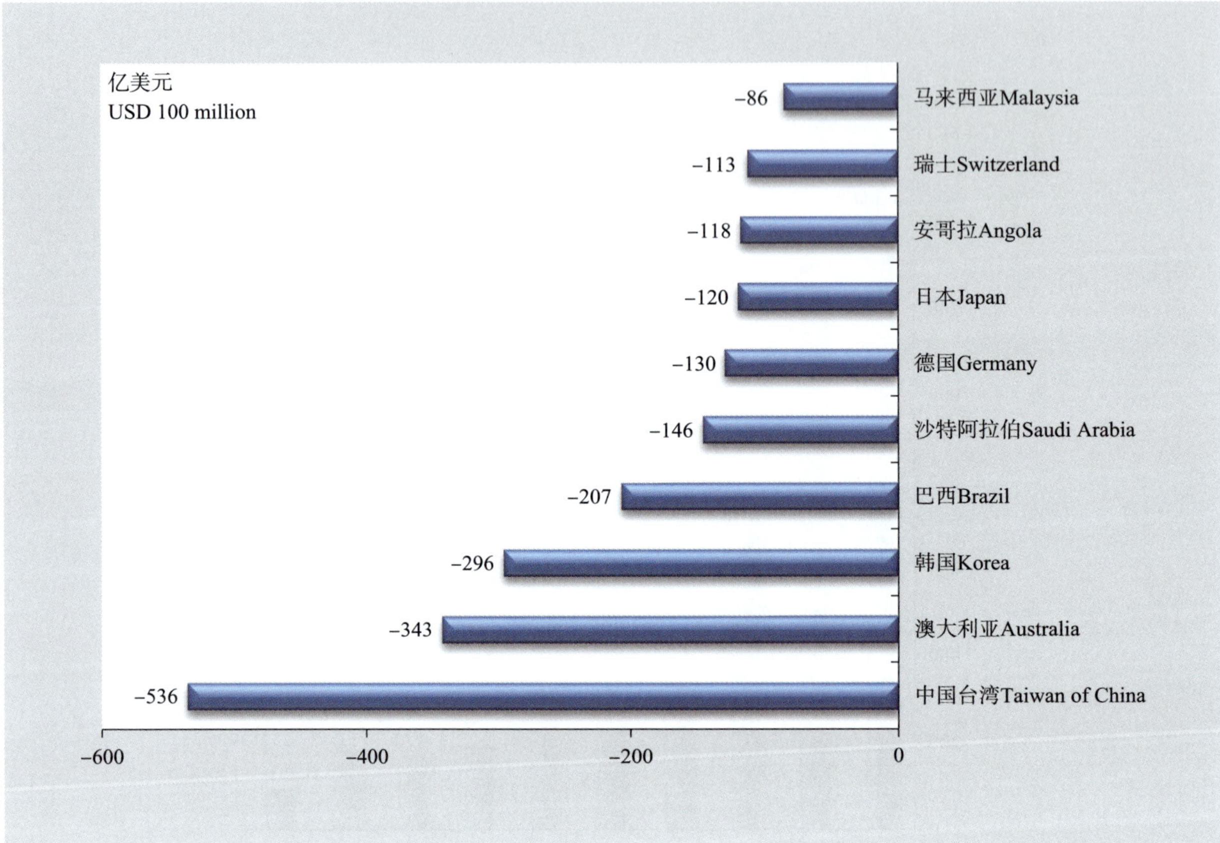

三、外汇市场和人民币汇率①

III. Foreign Exchange Market and Exchange Rate of Renminbi

人民币对美元交易中间价月平均汇价（人民币元 /100 美元）

Monthly Average Transaction Mid Rates of Renminbi against US dollar, 1980–2019H1(renminbi per 100 US dollar)

月份 Month	1980 年	1981 年	1982 年	1983 年	1984 年	1985 年	1986 年	1987 年	1988 年	1989 年	1990 年
1 月 /Jan	149.37	154.87	176.77	192.01	204.12	280.88	320.15	372.21	372.21	372.21	472.21
2 月 /Feb	150.05	161.06	181.74	196.03	205.72	282.51	320.70	372.21	372.21	372.21	472.21
3 月 /Mar	155.12	162.80	183.79	197.80	206.08	284.51	321.20	372.21	372.21	372.21	472.21
4 月 /Apr	155.70	166.20	185.19	198.72	208.91	284.11	320.61	372.21	372.21	372.21	472.21
5 月 /May	149.06	172.27	180.97	198.52	218.21	284.75	319.44	372.21	372.21	372.21	472.21
6 月 /Jun	146.50	176.05	189.70	198.95	221.22	286.25	320.35	372.21	372.21	372.21	472.21
7 月 /Jul	145.25	175.98	192.36	198.88	229.39	287.38	363.82	372.21	372.21	372.21	472.21
8 月 /Aug	147.26	179.52	193.87	198.00	236.43	290.23	370.36	372.21	372.21	372.21	472.21
9 月 /Sep	146.81	175.01	195.04	198.14	253.26	296.26	370.66	372.21	372.21	372.21	472.21
10 月 /Oct	148.03	175.05	198.22	196.17	264.00	306.73	371.64	372.21	372.21	372.21	472.21
11 月 /Nov	151.73	173.46	199.41	198.90	266.16	320.15	372.21	372.21	372.21	372.21	495.54
12 月 /Dec	154.19	173.78	193.99	198.69	278.91	320.15	372.21	372.21	372.21	423.82	522.21
年平均 Annual Average	**149.84**	**170.50**	**189.25**	**197.57**	**232.70**	**293.66**	**345.28**	**372.21**	**372.21**	**376.51**	**478.32**

月份 Month	1991 年	1992 年	1993 年	1994 年	1995 年	1996 年	1997 年	1998 年	1999 年	2000 年	2001 年
1 月 /Jan	522.21	544.81	576.40	870.00	844.13	831.86	829.63	827.91	827.90	827.93	827.71
2 月 /Feb	522.21	546.35	576.99	870.28	843.54	831.32	829.29	827.91	827.80	827.79	827.70
3 月 /Mar	522.21	547.34	573.13	870.23	842.76	832.89	829.57	827.92	827.91	827.86	827.76
4 月 /Apr	526.59	549.65	570.63	869.55	842.25	833.15	829.57	827.92	827.92	827.93	827.71
5 月 /May	531.39	550.36	572.17	866.49	831.28	832.88	829.29	827.90	827.85	827.77	827.72
6 月 /Jun	535.35	547.51	573.74	865.72	830.08	832.26	829.21	827.97	827.80	827.72	827.71
7 月 /Jul	535.55	544.32	576.12	864.03	830.07	831.60	829.11	827.98	827.77	827.93	827.69
8 月 /Aug	537.35	542.87	577.64	858.98	830.75	830.81	828.94	827.99	827.73	827.96	827.70
9 月 /Sep	537.35	549.48	578.70	854.03	831.88	830.44	828.72	827.89	827.74	827.86	827.68

① 资料来源：国家外汇管理局。
Source: SAFE.

续表 (Continue)

月份 Month	1991 年	1992 年	1993 年	1994 年	1995 年	1996 年	1997 年	1998 年	1999 年	2000 年	2001 年
10 月 /Oct	537.90	553.69	578.68	852.93	831.55	830.00	828.38	827.78	827.74	827.85	827.68
11 月 /Nov	538.58	561.31	579.47	851.69	831.35	829.93	828.11	827.78	827.82	827.74	827.69
12 月 /Dec	541.31	579.82	580.68	848.45	831.56	829.90	827.96	827.79	827.93	827.72	827.68
年平均 Annual Average	**532.33**	**551.46**	**576.20**	**861.87**	**835.10**	**831.42**	**828.98**	**827.91**	**827.83**	**827.84**	**827.70**

月份 Month	2002 年	2003 年	2004 年	2005 年	2006 年	2007 年	2008 年	2009 年	2010 年	2011 年	2012 年
1 月 /Jan	827.67	827.68	827.69	827.65	806.68	778.98	724.78	683.82	682.73	660.27	631.68
2 月 /Feb	827.66	827.73	827.71	827.65	804.93	775.46	716.01	683.57	682.70	658.31	630.00
3 月 /Mar	827.70	827.72	827.71	827.65	803.50	773.9	707.52	683.41	682.64	656.62	630.81
4 月 /Apr	827.72	827.71	827.69	827.65	801.56	772.47	700.07	683.12	682.62	652.92	629.66
5 月 /May	827.69	827.69	827.71	827.65	801.52	767.04	697.24	682.45	682.74	649.88	630.62
6 月 /Jun	827.70	827.71	827.67	827.65	800.67	763.3	689.71	683.32	681.65	647.78	631.78
7 月 /Jul	827.68	827.73	827.67	822.90	799.10	758.05	683.76	683.20	677.75	646.14	632.35
8 月 /Aug	827.67	827.70	827.68	810.19	797.33	757.53	685.15	683.22	679.01	640.90	634.04
9 月 /Sep	827.70	827.71	827.67	809.22	793.68	752.58	683.07	682.89	674.62	638.33	633.95
10 月 /Oct	827.69	827.67	827.65	808.89	790.32	750.12	683.16	682.75	667.32	635.66	631.44
11 月 /Nov	827.71	827.69	827.65	808.40	786.52	742.33	682.86	682.74	665.58	634.08	629.53
12 月 /Dec	827.72	827.70	827.65	807.59	782.38	736.76	684.24	682.79	665.15	632.81	629.00
年平均 Annual Average	**827.70**	**827.70**	**827.68**	**819.42**	**797.18**	**760.4**	**694.51**	**683.10**	**676.95**	**646.14**	**631.25**

月份 Month	2013 年	2014 年	2015 年	2016 年	2017 年	2018 年	2019 年
1 月 /Jan	627.87	610.43	612.72	655.27	689.18	642.74	678.97
2 月 /Feb	628.42	611.28	613.39	653.11	687.13	632.05	673.64
3 月 /Mar	627.43	613.58	615.07	650.64	689.32	631.74	670.93
4 月 /Apr	624.71	615.53	613.02	647.62	688.45	629.67	671.51
5 月 /May	619.70	616.36	611.43	653.15	688.27	637.13	685.23
6 月 /Jun	617.18	615.57	611.61	658.74	680.19	646.51	688.20
7 月 /Jul	617.25	615.69	611.67	667.74	676.54	671.25	
8 月 /Aug	617.08	616.06	630.56	664.74	667.36	684.53	
9 月 /Sep	615.88	615.28	636.91	667.15	656.34	685.33	
10 月 /Oct	613.93	614.41	634.86	674.42	661.54	691.95	
11 月 /Nov	613.72	614.32	636.66	683.75	661.86	693.75	
12 月 /Dec	611.60	612.38	644.76	691.82	659.42	688.31	
年平均 Annual Average	**619.32**	**614.28**	**622.72**	**664.23**	**675.18**	**661.40**	**678.08**

2019 年 1-6 月人民币市场汇率汇总表

美元、港币、欧元、英镑、澳元、新西兰元、新加坡元、瑞士法郎、加元、林吉特 10 种币种单位为人民币元 /100 外币，其他币种单位为外币 /100 人民币

Transaction Mid Rates of Renminbi in the First Half of 2019

USD、HKD、EUR、GBP、AUD、NZD、SGD、CHF、CAD、MYR

Unit: renminbi per 100 foreign currency

Other Currency unit: foreign currency per 100 renminbi

月份 Month	币种 Currency	期初价 Beginning of period	期末价 End of Period	最高价 Highest	最低价 Lowest	期平均 Period Average	累计平均 Accumulative Average
1 月 Jan	美元	684.820	670.250	686.310	670.250	678.965	678.965
	港币	87.415	85.457	87.604	85.457	86.591	86.591
	日元	6.247	6.148	6.379	6.148	6.235	6.235
	欧元	785.210	769.810	787.650	768.170	775.533	775.533
	英镑	873.030	878.900	890.940	860.480	875.194	875.194
	澳元	482.530	485.770	489.750	474.300	484.870	484.870
	新西兰元	460.210	462.210	462.730	454.480	459.735	459.735
	新加坡元	502.430	497.430	504.730	497.430	500.455	500.455
	瑞士法郎	697.270	674.230	699.980	674.230	686.764	686.764
	加元	502.570	509.720	516.490	502.570	509.830	509.830
	林吉特	60.388	61.159	61.159	60.024	60.623	60.623
	卢布	1 012.900	976.290	1 012.900	967.550	984.080	984.080
2 月 Feb	美元	670.810	669.010	677.650	668.570	673.636	676.805
	港币	85.512	85.231	86.354	85.177	85.837	86.285
	日元	6.161	6.032	6.161	6.029	6.096	6.179
	欧元	767.750	760.820	767.750	760.630	763.629	770.707
	英镑	879.150	890.570	890.570	865.550	876.489	875.719
	澳元	487.700	478.020	487.700	476.840	480.885	483.255
	新西兰元	463.910	458.090	464.680	456.060	460.453	460.026
	新加坡元	498.240	496.090	499.440	496.060	497.708	499.342
	瑞士法郎	674.700	668.410	675.310	668.410	672.270	680.888
	加元	510.940	508.820	511.670	507.450	509.771	509.806
	林吉特	61.017	60.797	61.017	60.034	60.461	60.557
	卢布	975.720	983.670	985.020	969.720	977.289	981.327

续表 (Continue)

月份 Month	币种 Currency	期初价 Beginning of period	期末价 End of Period	最高价 Highest	最低价 Lowest	期平均 Period Average	累计平均 Accumulative Average
3 月 Mar	美元	669.570	673.350	673.350	668.500	670.927	674.676
	港币	85.297	85.779	85.779	85.169	85.477	85.993
	日元	6.009	6.087	6.097	5.989	6.036	6.127
	欧元	761.210	756.070	763.760	752.640	758.686	766.354
	英镑	887.940	879.080	892.030	872.760	884.699	878.970
	澳元	475.280	476.750	479.130	471.840	475.222	480.347
	新西兰元	456.410	456.340	463.920	454.290	458.688	459.542
	新加坡元	495.300	496.430	496.660	494.110	495.546	497.967
	瑞士法郎	671.130	676.770	676.770	664.670	670.844	677.252
	加元	508.530	501.270	508.530	499.270	502.292	507.085
	林吉特	60.765	60.570	60.978	60.548	60.768	60.634
	卢布	984.830	963.380	987.550	954.120	971.025	977.597
4 月 Apr	美元	671.930	672.860	673.100	669.110	671.509	673.834
	港币	85.600	85.784	85.843	85.279	85.602	85.889
	日元	6.057	6.026	6.057	5.971	6.015	6.097
	欧元	754.200	752.560	758.710	749.900	754.402	763.177
	英镑	874.890	870.170	883.490	868.400	874.628	877.816
	澳元	477.740	474.730	481.380	471.920	477.670	479.635
	新西兰元	458.120	448.800	458.120	443.770	451.165	457.315
	新加坡元	496.020	494.290	496.190	493.840	495.230	497.239
	瑞士法郎	675.130	660.100	675.130	658.880	666.414	674.371
	加元	503.270	500.130	504.500	498.720	502.060	505.749
	林吉特	60.695	61.405	61.798	60.695	61.253	60.798
	卢布	977.240	957.890	977.240	947.460	961.390	973.289
5 月 May	美元	673.440	689.920	689.940	673.440	685.235	676.138
	港币	85.848	87.913	87.913	85.848	87.309	86.176
	日元	6.080	6.302	6.320	6.080	6.239	6.126
	欧元	753.240	768.330	772.620	753.240	766.605	763.870
	英镑	885.680	870.420	886.230	870.420	879.538	878.164
	澳元	470.390	477.040	478.390	470.390	475.486	478.797
	新西兰元	445.570	449.220	452.180	445.550	449.226	455.681
	新加坡元	493.760	500.490	502.030	493.760	499.663	497.729
	瑞士法郎	662.320	685.100	688.060	662.320	678.604	675.226
	加元	500.190	511.370	515.560	500.190	509.340	506.475
	林吉特	61.564	60.743	61.564	60.443	60.863	60.811
	卢布	970.760	946.080	970.760	931.980	945.971	967.770

续表 (Continue)

月份 Month	币种 Currency	期初价 Beginning of period	期末价 End of Period	最高价 Highest	最低价 Lowest	期平均 Period Average	累计平均 Accumulative Average
6月 Jun	美元	688.960	687.470	689.450	684.720	688.203	678.080
	港币	87.877	87.966	88.162	87.683	87.930	86.458
	日元	6.365	6.382	6.412	6.356	6.375	6.166
	欧元	769.970	781.700	782.040	769.970	777.594	766.080
	英镑	870.770	871.130	877.730	866.490	873.119	877.351
	澳元	477.770	481.560	482.070	473.620	478.273	478.712
	新西兰元	450.330	460.770	460.770	448.950	454.149	455.434
	新加坡元	501.670	508.050	508.050	501.670	505.511	498.982
	瑞士法郎	689.290	703.880	705.580	689.290	696.782	678.697
	加元	509.580	524.900	524.900	509.580	518.042	508.337
	林吉特	60.754	60.266	60.754	60.189	60.411	60.747
	卢布	950.970	917.320	950.970	910.980	930.522	961.773

1979—2019 年上半年人民币对美元交易中间价月平均汇价

Monthly Average Transaction Mid Rates of Renminbi Against US dollar, 1979—2019H1

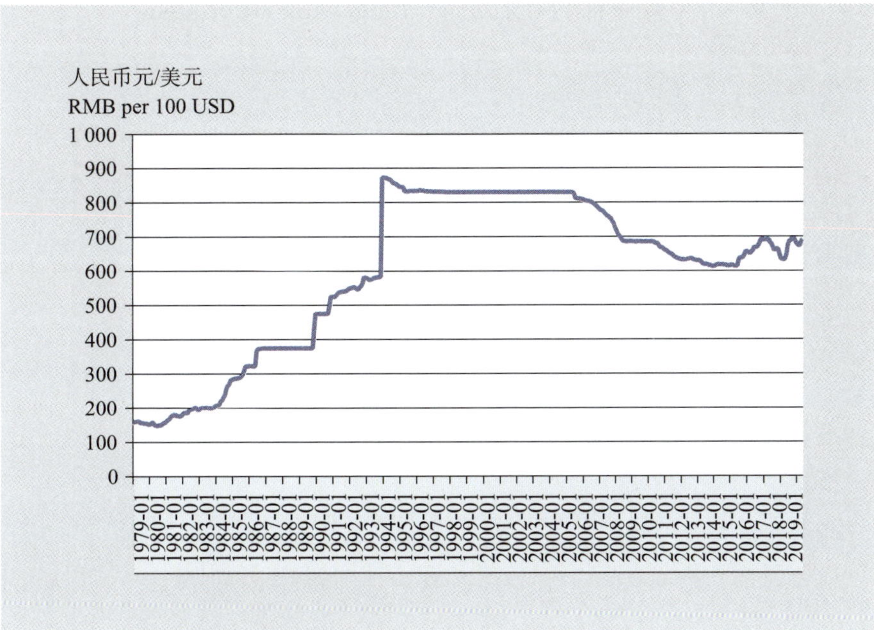

四、利用外资①

IV. Foreign Investment Utilization

外商直接投资

Foreign Direct Investment

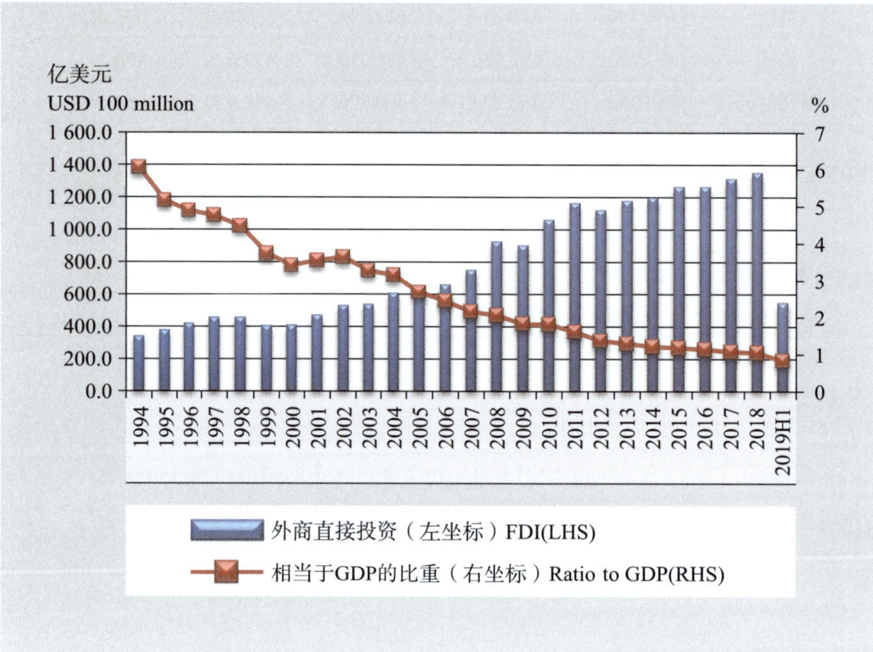

① 资料来源：商务部。
Source: Ministry of Commerce.

2019年上半年利用外资

Foreign Direct Investment in the First Half of 2019

单位：亿美元　Unit: USD 100 million

利用外资方式 Mode of Foreign Investment Utilization	本年批准外资项目数 Approved Foreign Investment Programs		本年实际使用外资 Actual Utilization of Foreign Investment	
	本年累计 Accumulative in This Year	同比增长（%） Increase	本年累计 Accumulative in This Year	同比增长（%） Increase
总计 Total	**20 131**	**-32.0**	**707.36**	**3.5**
一、外商直接投资 Direct Foreign Investment	20 131	-32.0	707.36	3.5
中外合资企业 Sino-Foreign Equity Joint Venture	4 516	-1.2	156.11	-16.5
中外合作企业 Sino-Foreign Contractual Joint Venture	26	-53.6	1.77	-35.0
外资企业 Foreign Investment Enterprise	15 501	-37.7	494.07	6.6
外商投资股份制 Stock-Holding by Foreign Investment	47	-26.6	38.28	68.0
合作开发 Cooperation Exploitation	0	-100	5.46	15.6
二、外商其他投资 Other Foreign Investment	0	0.0	0	0.0
对外发行股票 Issue Stocks to the Outside	0	0.0	0	0.0
国际租赁 International Tenancy	0	0.0	0	0.0
补偿贸易 Compensative Trade	0	0.0	0	0.0
加工装配 Processing & Assembling	0	0.0	0	0.0
其他 Others	0	0.0	0	0.0

注：统计数据为非金融领域。

Note: The data is subject to non-financial sectors.

五、外债①

V. External Debt

外债余额

External Debt

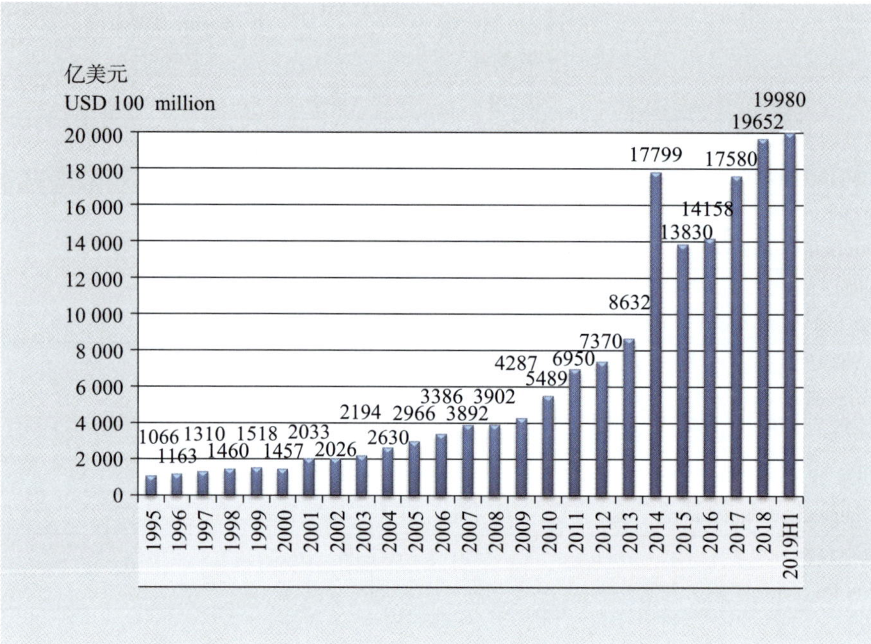

① 数据来源：国家外汇管理局。
Source: SAFE.

外债余额期限结构（剩余期限）

Components of External Debt by Period Structure (Residual Maturity)

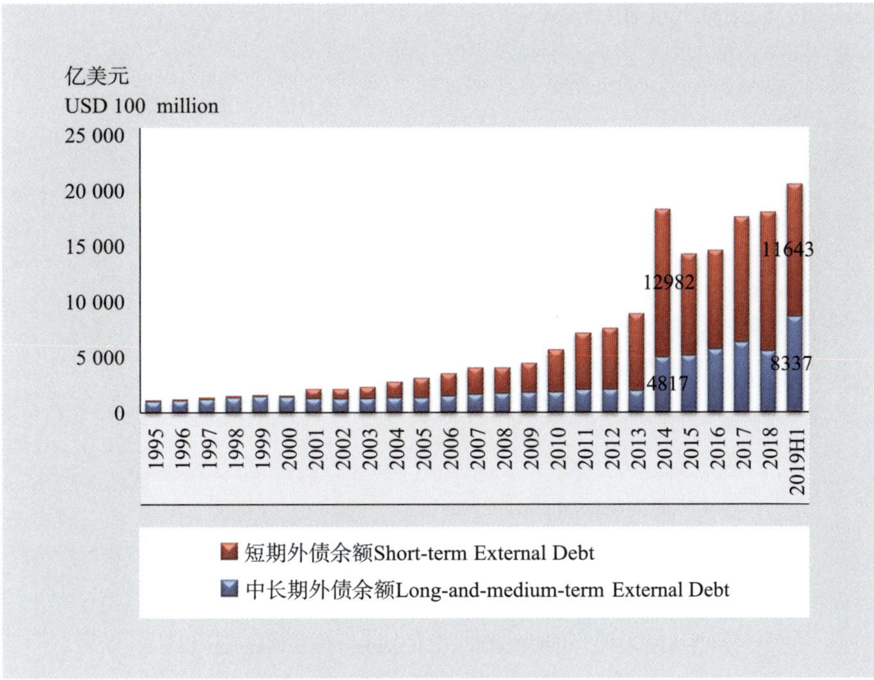

2019 年上半年外债余额期限结构（剩余期限）

Components of External Debt by Period Structure (Residual Maturity), End-the First Half of 2019

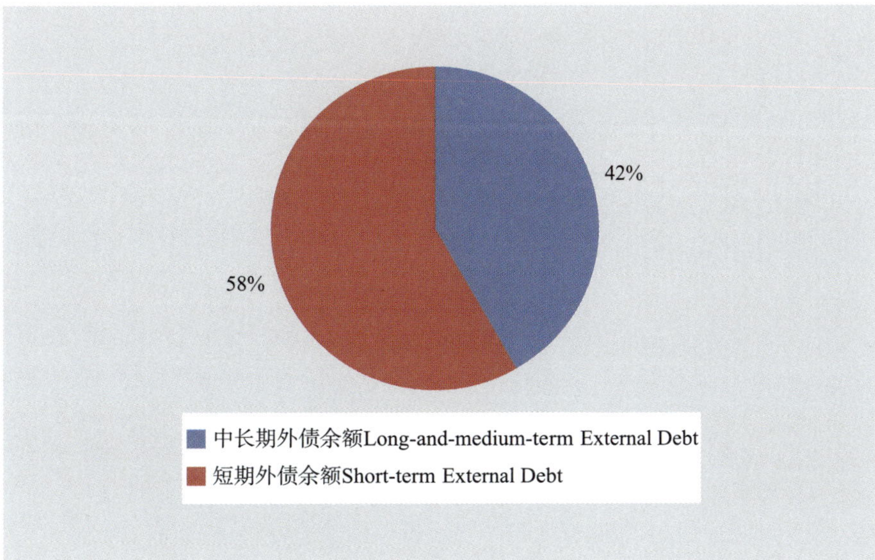

2019 年上半年登记外债余额主体结构

Components of Registered External Debt by Type of Debtor, End- the First Half of 2019

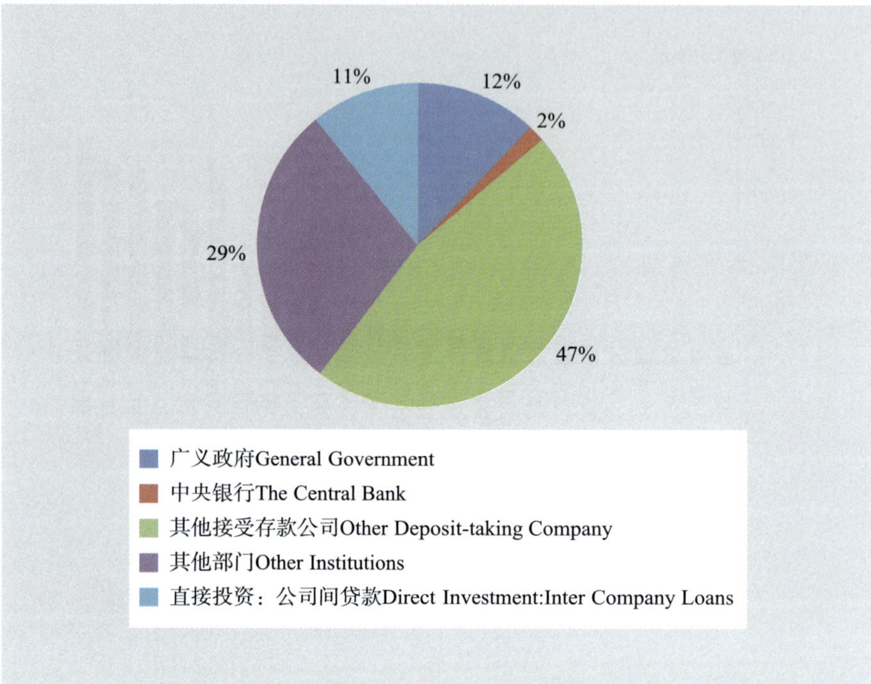

六、世界经济增长状况 ①

VI. Growth of World Economics

世界主要经济体增长率

Growth Rate of Major Economies in the World

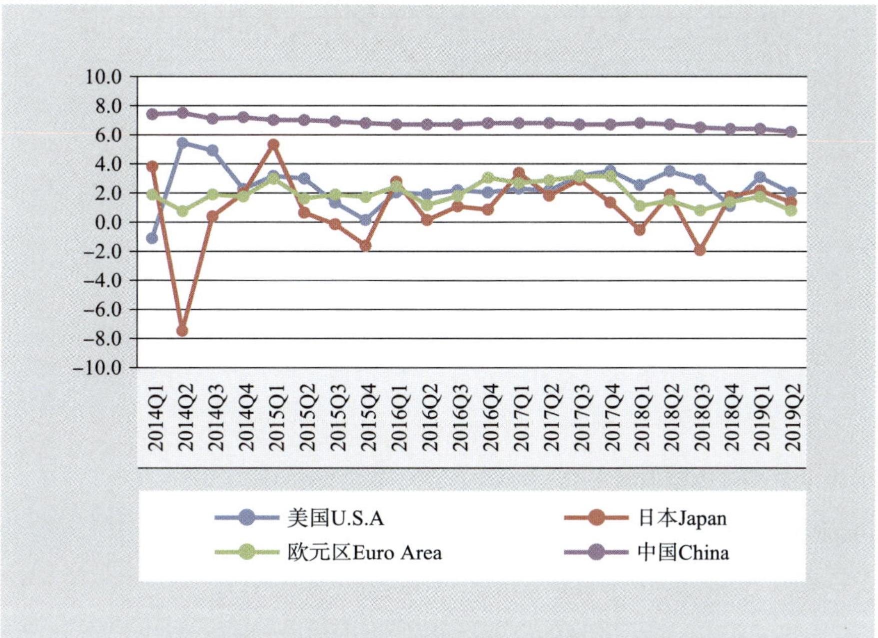

注：美国、日本和欧元区是实际 GDP 环比折年增速，中国为年比增速。

The growth rates of U.S, Japan and Euro Area are the annualized quarterly growth rates, and the growth rate of China is the year−on−year quarterly growth rate.

① 资料来源：彭博资讯、CEIC Asia Database。
Sources: Bloomberg, CEIC Asia Database.

世界主要经济体通货膨胀水平

Inflation Rate of Major Economies in the World

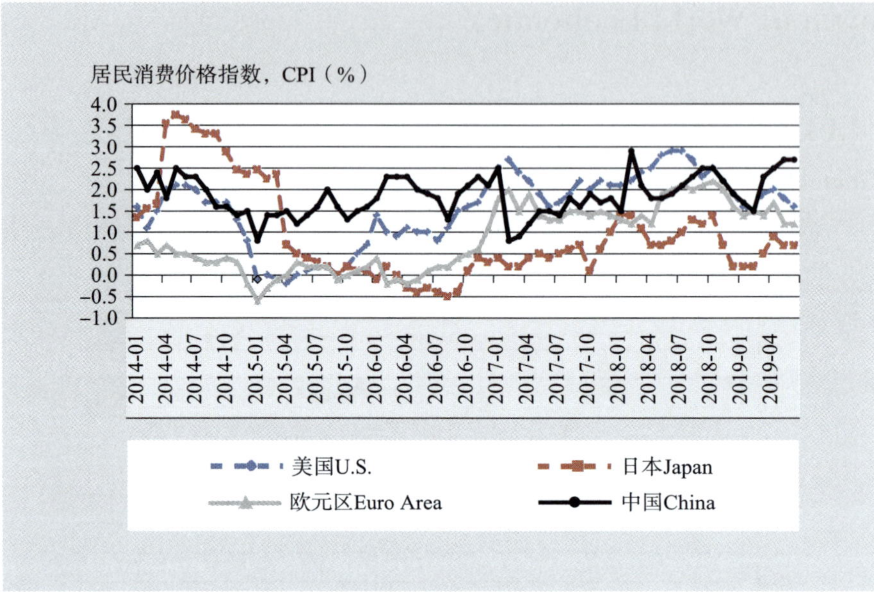

世界主要经济体就业状况

Employment of Major Economies in the World

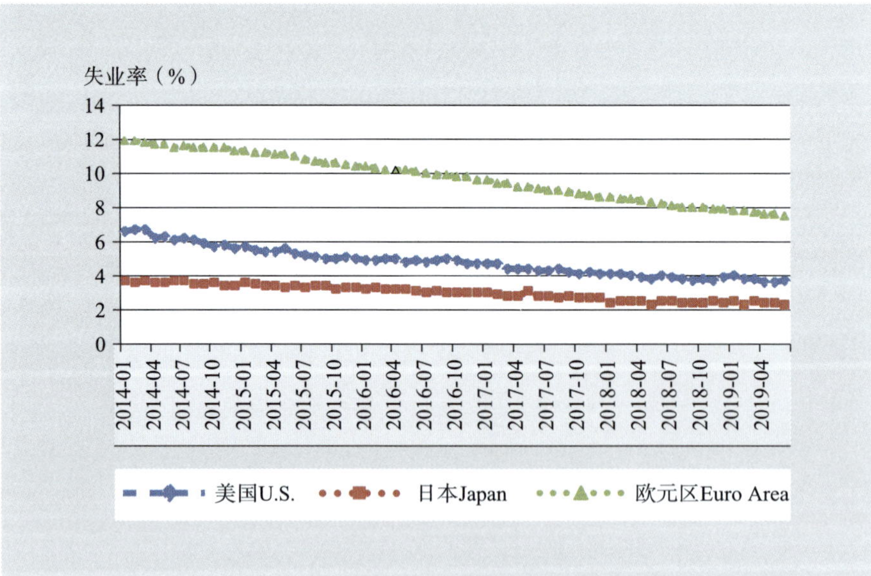

七、国际金融市场状况 ①

VII. International Financial Market

世界主要经济体基准利率

Basic Interest Rate of Major Economies in the World

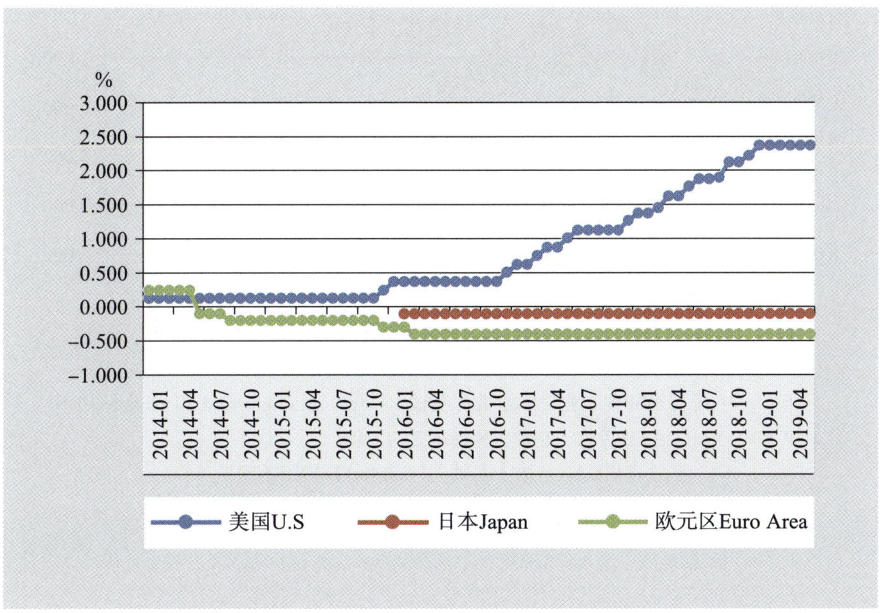

① 资料来源：彭博资讯。
Source: Bloomberg.

美国、德国及日本股票指数走势

The trend of stock indices in the markets of U.S., Germany and Japan

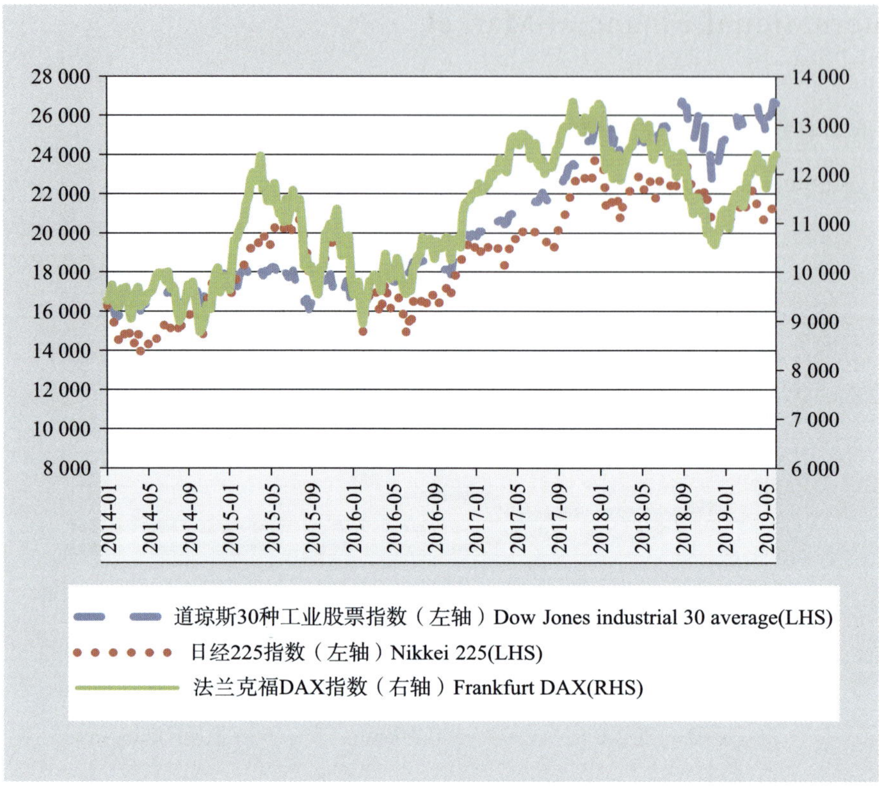

国际商品价格

Price of International Commodities

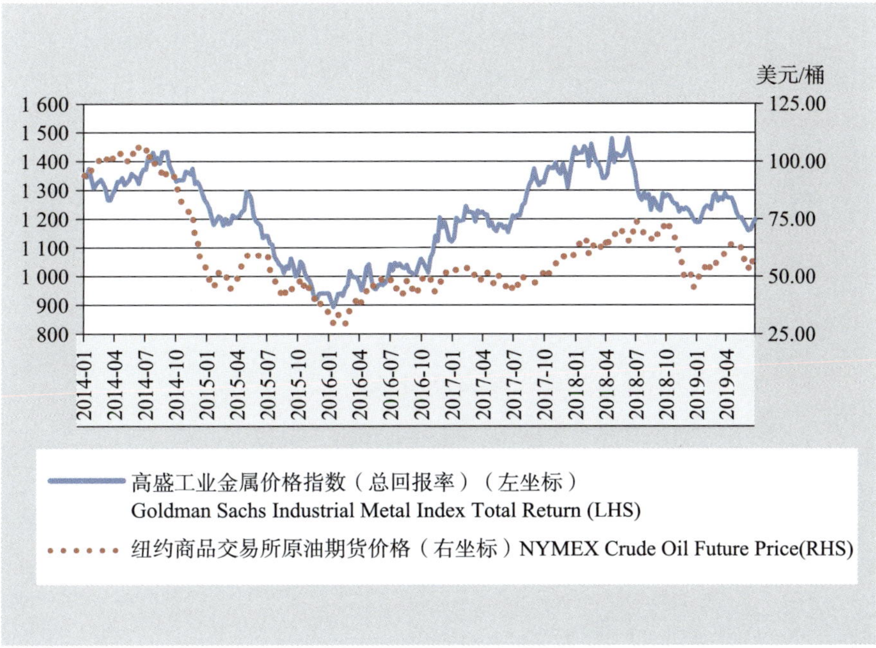

伦敦金属交易所金银价格

LME Gold and Silver Price

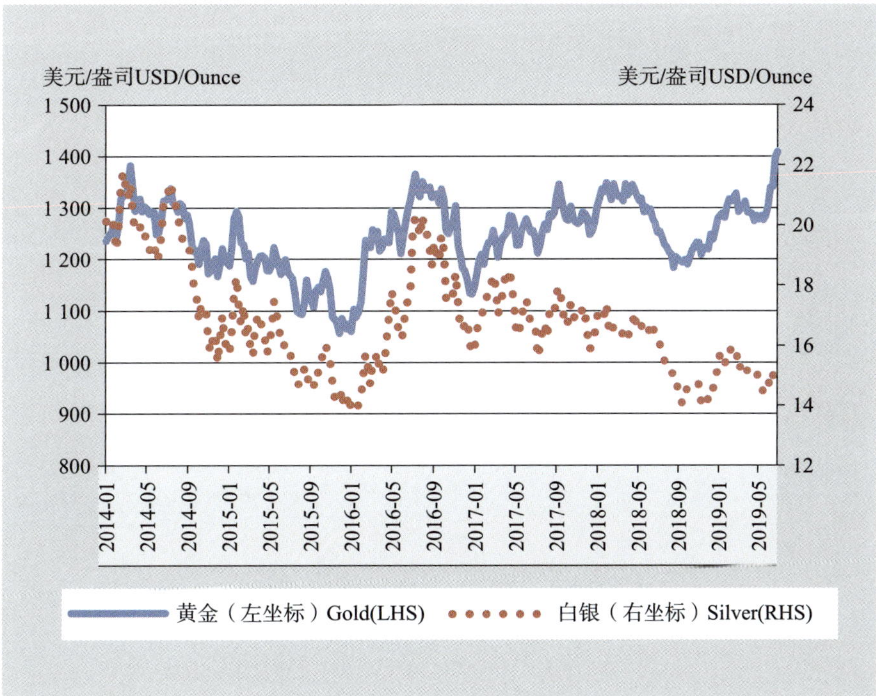